MW01300785

Learn Basic Malayalam In Six Weeks

With Daily Worksheets & Answer key

About the Authors

Lissy John is an educator and a writer. She has had her higher studies in Language, Linguistics, and Literature.

John D. Kunnathu is an educator and an author of several books. He has had his higher studies in Language, Linguistics, Literature, Instructional Technology, and in Religious Studies. After being educators in Africa and in the US for over twenty-five years, both are now settled in Kerala.

They have also authored:

Malayalam Alphabet

Speak Malayalam in Ten weeks

Contact: johnkunnathu@gmail.com

Learn Basic Malayalam In Six Weeks

With Daily Worksheets
& Answer key

Lissy John
&
John D. Kunnathu

Learn Basic Malayalam in Six Weeks
Author: Lissy John, John D. Kunnathu
Date: June 22, 2015
Copyright: Authors
ISBN-13: 978-1514651360

No part of this book may be reproduced or transmitted in any form, except by a reviewer who may quote brief passages, without the written permission by the author.

Read this first!

If you already know English, and if you want to learn Malayalam, you have in your hands the right book to help you. Your knowledge of English will help you learn Malayalam because these two languages have so much in common. Moreover, you will find that Malayalam is much easier to learn than English in many ways.

You might have heard that Malayalam is a very difficult language compared to English, with its 26 letters. However, the difficulty of a language cannot be measured by the number of letters alone. Let me explain how Malayalam is easier to learn than English.

Each English letter has four varieties-- capital and small, and printed and cursive. This quadruples the number of alphabet to 104. Malayalam does not have any of these varieties. It does not have capital-small varieties, and it is supposed to be written just as it is printed. English has complex rules about capitalization. The first letter of every sentence is supposed to be capital, and proper nouns are supposed to begin with capital letters. Conventions of what to capitalize and what not to capitalize vary from place to place and from time to time. Malayalam has none of these difficulties about capitalization because it does not have capital-small variation.

English has about 45 sounds, but it has only 26 letters to represent them. So, each letter has to represent several sounds, and the letters and sounds don't have one-to-one correspondence. As a result, each word in English has its own spelling, which needs to be learned by heart. However, Malayalam has roughly eighty distinct sounds, and it has similar number of distinct letters or their combinations to represent them. So, most of the sounds and letters have one-to-one correspondence between them. Therefore, you don't need to learn the spelling of each word separately.

Each letter of the alphabet of English has a name such as ei, bi, si, di etc. However, the letters of Malayalam don't have names as English letters do. The sound of the letter is the same as its name. This greatly reduces the burden of the learners.

The verb in English changes according to the number (singular/plural) of the subject.
The child plays.
The children play.
Notice that the verb "play" changes to "plays". But in Malayalam verb does not change according to the number of the subject.

We are trying to convince you that Malayalam is much easier than English in various ways. If you could learn English, you can surely learn Malayalam with much less effort and time. However, Malayalam has its own difficulties.

English has about 20 vowel sounds, whereas Malayalam has only about 15 vowel sounds. The only Malayalam vowel sound that causes a little difficulty for English speakers is the long e- sound, for it is absent in English. They tend to use ei instead of e-. Thus they say തേടി as തേയ്ടി.

However, Malayalam consonants pose a real challenge to the English speakers. They speak English with only about 24 consonant sounds, whereas Malayalam speakers use about 65 distinct consonant sounds. Special attention is given in this book to the consonant sounds that are difficult for English speakers.

A language has a spoken form as well as a written form. Each form involves a receptive skill as well as an expressive skill. Therefore, listening, speaking, reading, and writing are four separate language skills, and we need to practice these skills separately. Learning a language is like learning to swim. Frequent practice is the only way to learn it. Once you learn it, it will stay with you. That is why children learn language faster than adults when they are placed in a language-using context. This book is a guide to someone who has the will to practice the language skills.

Many languages in the west use the same writing system as that of English, and several languages in North India use the same writing system as that of Hindi. However, Malayalam has its own writing system. There is no way to learn to read and write Malayalam without learning its writing system. But this fact does not need to discourage you. If you follow this book, and if you can spare half an hour daily for a couple of weeks, you will learn the writing system of Malayalam.

The exercises in this book can help you with your written skills of Malayalam, but no book can help you much with your spoken skills. Your listening skills improve when you actively listen to people speaking Malayalam, and your speaking skills improve when you actively speak Malayalam to others. It would be very helpful if you find someone who already knows Malayalam to speak to you and to listen to you.

This book makes use of the contemporary knowledge of the language and the contemporary ways of learning. It does not rely on Sanskrit Grammar or English Grammar to describe Malayalam. I am using every-day language to describe Malayalam. Someone with a basic knowledge of English can easily follow this book. Moreover, this book provides exercises and activities for a learner to practice language in addition to essential information. You will also find an answer key at the end of the book.

We communicate using sentences. A sentence is made of phrases. A phrase is made of words. A word is made of sounds or the letters that represent the sounds. We will learn Malayalam here in four parts with one part each for sounds and letters, words, phrases, and sentences. We will begin by introducing the sounds and letters of Malayalam. After getting familiar with some commonly used words in Malayalam, we will learn the structure of phrases and sentences.

The lessons are arranged in this book very systematically from simple to complex. There are 42 lessons for 42 days, which is six weeks. Think of them as steps that lead to a shrine at a mountaintop. Your goal is to reach the top. Discipline yourself to move up step by step one at a time. Never skip steps. Do all the exercises given at the end of the lessons. You can and should go back and revise, but you should not move forward skipping steps. Keep a notebook along with this book to do your own extra practice of writing letters and words. A little time and a little effort everyday for six weeks take you to the top.

We have tried to transcribe Malayalam letters and words as best as we can using English letters. But you may want to remember that the eighty sounds of Malayalam cannot be represented satisfactorily by the 26 letters of English. We want you to bear in my mind just three special features we have used here for transcription.

1. We have used a hyphen to represent long vowels. Thus a and a- represent short and long vowel sounds.
2. We have used an apostrophe to represent "ᗒ". It looks like half moon, and it is called so in Malayalam-- ചന്ദ്രക്കല. Thus we transcribe ഒന്ന് as onn'.
3. We have used the capital-small varieties of the letters in English to represent different sounds in Malayalam. For example, we use r for ര, and R for റ.

Your suggestions of how we can improve this book for another edition would be greatly appreciated. Hope and wish that this book will be of help to you!

.

Contents

Read this first!..5
Contents..9
Part 1. Letters And Their Sounds........................11
    Day 1. Simple Letters.................................12
    Day 2. More Simple Letters......................14
    Day 3. Vowel sounds..................................16
    Day 4. More Vowel Sounds.......................18
    Day 5. Vowel Pairs......................................20
    Day 6. Consonants......................................22
    Day 7. More Consonants............................24
    Day 8. Consonant Combinations...............26
    Day 9. More Consonant Combinations.....28
    Day 10. Sounds Difficult for English speakers...30
    Day 11. More Difficult Sounds..................32
    Day 12. More Difficult Sounds..................34
    Day 13. Sound Changes when Words Join.........36
    Day 14: Malayalam Alphabet....................38
Part 2. Words And Their Meanings....................43
    Day 15. Words: Animals............................44
    Day 16. Words: Our Body.........................47
    Day 17. Words: Our Food..........................50
    Day 18. Words: Our Home........................54
    Day 19. Words: Our Family.......................56
    Day 20. Words: Numbers..........................60
    Day 21. Words: Our World........................63
    Day 22. Words: Size, Shape, etc................65
    Day 23. Words: Color.................................67
    Day 24. Words: Other Modifiers...............68
    Day 25. Words: States and Events............70
    Day 26. Words: Time..................................72
    Day 27. Word Classes and Word Formation.....76

Day 28: Polysemy, Synonymy, & Antonymy......78
Part 3. Phrases.. 80
    Day 29: Noun Phrase..81
    Day 30: Noun Modifiers..................................... 83
    Day 31: Pronouns...85
    Day 32: Verb phrase..88
Part 4. Sentences..90
    Day 33: The Basic Sentence Structure................91
    Day 34: Negative Sentence..................................95
    Day 35: Yes/No Questions................................... 97
    Day 36: Wh-Questions..99
    Day 37: Emphasis in sentences.......................... 101
    Day 38: Adjective Clause....................................103
    Day 39: Noun Clause & Adverb Clause............ 105
    Day 40: Connected Sentences...........................107
    Day 41: A Simple Conversation.........................108
    Day 42: A simple letter....................................... 109
How to Continue Learning Malayalam...............110
Answer Key.. 111

Part 1. Letters And Their Sounds

In order to read Malayalam, you need the ability to match the letters with their sounds. Most of the sounds and letters in Malayalam have one-to-one correspondence. You may look for someone who already knows Malayalam to help you with this. Once you can match all the letters with their sounds, then you can proceed independently.

If you spend about half an hour every day, it will take a couple of weeks before you can match all the letters with their sounds. Do not give up! Once you can do this, you have passed the primary challenge. Then it is a matter of exposing yourself to Malayalam-using situations, and before you know it, you will become a fluent speaker/reader of Malayalam.

You may begin with very simple letters and words in Malayalam. Similar English sounds will be given here as much as possible. But there are a few sounds in Malayalam that do not have similar sounds in English. 14 lessons are arranged here introducing the letters according to their complexity. Do not over-burden yourself. Try to follow the lessons as much as possible.

We will start with the easiest Malayalam letters along with their sounds in English. Read them again and again, and also write them on your notebook several times. See if you can remember the shape and sound of these letters.

Please follow the lessons as they are arranged. Learn a lesson, and then do the activities based on the lesson. Close the book, and open it the next day. Revise the previous day's lesson, and then move on to a new lesson.

Day 1. Simple Letters

We will begin with some very simple letters:

Malayalam Letter	Similar English Sound
ര	Ra (As in Rome, write)
ന	na
ത	tha
പ	pa
വ	va
ല	la (As in let, look)
ട	ta (As in put, hotel)

Now read these simple words.

Words	Sound	Meaning
പര	paRa	A container
പന	pana	A palm tree
തര	thaRa	floor
പത	patha	foam
പല	pala	various
തല	thala	head
വല	vala	net
വട	vata	A food item

Great job! You have already learned seven letters and eight words in Malayalam. Read them aloud and write them. Contact someone who knows Malayalam, and check your pronunciation with that person.

Day 1: Worksheet

1. Match Column A with Column B

A		B	
1	ര		ta
2	ന		la
3	ത		na
4	പ		pa
5	വ		Ra
6	ല		tha
7	ട		va

2. Match Column A with Column B

A		B	
1	പറ		pala
2	പന		pana
3	തറ		paRa
4	പത		patha
5	പല		thala
6	തല		thaRa
7	വല		vata
8	വട		vala

Once you complete, check your answers by comparing with the information in the previous page.

Day 2. More Simple Letters

Let us learn a few more letters

Malayalam Letter	Similar English Sound
ര	ra (As in grind)
ക	ka
ച	cha
ദ	dha
മ	ma
സ	sa
ള	La (As in play, blame)

Now let us make a few words with the letters we have learned so far.

Words	Sound	Meaning
വര	vara	line
മറ	maRa	curtain
കല	kala	art
പത	patha	foam
മല	mala	hill
വള	vaLa	bangle
കര	kara	land

So far we have seen 14 letters. Each letter represents a consonant sound and a vowel sound. For example, the letter ക represents the consonant of ക and the vowel sound of "a". The letter represents a syllable. This is one way in which Malayalam is different from English. In English, the letter k represents only the consonant sound of k. The equivalent of ക in English is ka.

Day 2: Worksheet

1. Match Column A with Column B

A		B	
1	ര		cha
2	ക		dha
3	ച		ka
4	ദ		La
5	മ		ma
6	സ		ra
7	ള		sa

2. Match Column A with Column B

A		B	
1	വര		kala
2	മറ		kaRa
3	കല		mala
4	പത		maRa
5	മല		patha
6	വള		vaLa
7	കര		vara

Check your answers by comparing with the information in the previous page.

Before you begin the new lesson, revise the lessons of Days 1 and 2. Do not move on until you have mastered everything we have learned so far.

Day 3. Vowel sounds

The sound of "a" is already inbuilt in the consonant letters. But if you want a long "a-" you need to add "ാ".

Now let us practice a few letters and words with this symbol. Let us put a hyphen after "a" to show that it is long. Thus, "a" is short, and "a-" is long.

	"a" sound	"a-" sound
Word	പറ	പാറ
sound	paRa	Pa-Ra
meaning	A container	Rock

More examples;

Word	Sound	Meaning
പത	patha	foam
പാത	pa-tha	path
വട	vata	a food item
വാട	va-ta	foul smell

Now we will see how to add the sound of "i" as in sit, and the sound of "i-" as in seat. We use the symbols, ി and ീ.

	"a" sound	"i" sound
word	വര	വരി
sound	vara	vari
meaning	line	in line

More examples:

Word	sound	Meaning
പാതി	pa-thi	half
കല	kala	art
കലി	kali	anger
നീല	ni-la	blue
കീറി	ki-Ri	tore

Day 3: Worksheet

1. Match Column A with Column B

	A	B
1	രാ	ka
2	കാ	ka-
3	ക	la
4	ര	ma-
5	മാ	ra
6	സാ	ra-
7	ല	sa-

2. Match Column A with Column B

	A	B
1	പത	kala
2	പാത	kali
3	വട	patha
4	വാട	pa-tha
5	പാതി	pa-thi
6	കല	ni-la
7	കലി	ki-Ri
8	നീല	vata
9	കീറി	va-ta

Day 4. More Vowel Sounds

We use the symbols " ു" and " ൂ" to represent the sounds of "u" and "u-" . Let us make a few words:

Words	Sound	Meaning
കുട	kuta	umbrella
കൂട	Ku-ta	basket
മൂല	mu-la	corner
കൂലി	ku-li	wages

The symbols "െ " and " േ " represent the sounds of "e" and "e-" . Let us read a few words:

Words	Sound	Meaning
ചെടി	cheti	plant
പേന	pe-na	pen
വേല	ve-la	work

The symbols "െ -ാ" and " േ-ാ " represent the sounds of "o" and "o-" .

Words	Sound	Meaning
പൊടി	poti	dust
പോലെ	po-le	like

" ് " represents a vowel sound that usually occurs at the end of words. It is similar to the first sound in "aloud". Let us transcribe it with an apostrophe. See a few examples:

Words	Sound	Meaning
മാവ്	Maav'	Mango tree
കാട്	Kaat'	forest
ചൂട്	chu-t'	heat
പേര്	pe-r'	name

Day 4: worksheet

1. Match Column A with Column B

	A	B
1	കു	ke
2	കൂ	ke-
3	കെ	ko
4	കേ	ko-
5	കൊ	ku
6	കോ	ku-

2. Match Column A with Column B

	A	B
1	കൂലി	cheti
2	മൂല	chu-t'
3	കുട	ka-t'
4	പേന	kuta
5	വേല	ku-li
6	ചെടി	mu-la
7	പൊടി	pe-na
8	പോലെ	pe-r'
9	കാട്	poti
10	ചൂട്	po-le
11	പേര്	ve-la

Day 5. Vowel Pairs

Sometimes we can put vowel sounds together.

The sounds "a" and "i" can be put together, and we get "ai". It is represented with " ൈ ". This symbol can also represent "ei". Let us see some examples:

Words	Sound	Meaning
കൈരളി	kairali	Malayalam Language
ദൈവം	deivam	God

The sounds "a" and "u" can be put together to make "au". It is represented by “ൗ”.

Words	Sound	Meaning
കൗശലം	kauSalam	trick
മൗനം	maunam	silence

We have seen the short forms of the vowels when they stand with the consonants. But when the vowels stand independently as syllables, they have their own full forms. The vowel of “ ് ” does not stand alone. ഋ, from Sanskrit, is sounded as “R” by Malayalees.

Malayalam Vowels		Similar English Sound
Alone	With consonants	
അ ആ	ാ	a a-
ഇ ഈ	ി ീ	i i-
ഉ ഊ	ു ൂ	u u-
എ ഏ	െ േ	e e-
ഒ ഓ	െ - ാ േ - ാ	o o-
ഋ	ൃ	
ഐ ഔ	ൈ െ- ൗ	ai au

Day 5: Worksheet

1. Match Column A with Column B

	A	B
1	കൈ	ai
2	ദൈ	au
3	കൗ	dei
4	അ	e
5	ആ	e-
6	ഇ	i-
7	ഈ	kai
8	ഉ	kau
9	ഊ	a
10	എ	a-
11	ഏ	i-
12	ഒ	o
13	ഓ	o-
14	ഐ	u
15	ഔ	u-

2. Match Column A with Column B

	A	B
1	അരി	a-Ni
2	ആണി	ari
3	ഇല	e-ni
4	ഈശ്വരൻ	eRiyuka
5	ഉടുപ്പ്	ila
6	ഊണ്	i-Swaran
7	എറിയുക	oppam
8	ഏണി	utupp'
9	ഒപ്പം	u-n'

Day 6. Consonants

We have seen the vowel sounds and their letters. Now we will see the consonants. Here, in this table, we see 16 consonants. They are arranged in a certain pattern. Vertical arrangement is based on the point in the mouth at which the obstruction is made when these sounds are produced. For ക the obstruction is at the back. For പ the obstruction is at the very front. The others fall in between.

1		2		3	
Base form		Stressed form		H-form	
ക	ka	ക്ക	kka	ഖ	kha
ച	cha	ച്ച	ccha	ഛ	chha
ട	ta	ട്ട	tta	ഠ	Tha
		റ്റ	TTa		
ത	tha	ത്ത	ttha	ഥ	thha
പ	pa	പ്പ	ppa	ഫ	pha

Horizontal arrangement also follows a certain pattern. The ones in column 1 are the base forms. The ones in 2 are stressed forms. The ones in 3 have the sound of "h" added to the base forms. Let us call them h-forms. റ്റ has only a stressed form.

We have 14 consonants in this table. The arrangement is the same as that of the previous one. The ones in column 4 are base forms and the ones in column 5 are their stressed forms, and the ones in column 6 are h-forms. ഡ does not have a stressed form.

4		5		6	
Base form		Stressed form		H-form	
ഗ	ga	ഗ്ഗ	gga	ഘ	gha
ജ	ja	ജ്ജ	jja	ഝ	jha
ഡ	da			ഢ	dha
ദ	dha	ദ്ദ	ddha	ധ	dhha
ബ	ba	ബ്ബ	bba	ഭ	bhha

The ones in column 4 are the intensified forms of the ones in column 1. Thus ഗ is an intensified form of ക .

Day 6: Worksheet

Match Column A with Column B

1

A. Base Form		B. Stressed Form	
1	ക		ക്ക
2	ച		ച്ച
3	ട		ത്ത
4	ത		പ്പ
5	പ		ട്ട

2

A. Base Form		B. H-Form	
1	ക		ഫ
2	ച		ഖ
3	ട		ഛ
4	ത		ഠ
5	പ		ഥ

3

A. Base Form		B. Stressed Form	
1	ഗ		
2	ജ		ഗ്ഗ
3	ഡ		ദ്ദ
4	ദ		ബ്ബ
5	ബ		ജ്ജ

4

A. Base Form		B. H-Form	
1	ഗ		ധ
2	ജ		ഭ
3	ഡ		ഘ
4	ദ		ഝ
5	ബ		ഢ

5

A. Base Form		B. Intense Form	
1	ക		ബ
2	ച		ഗ
3	ട		ജ
4	ത		ഡ
5	പ		ദ

Day 7. More Consonants

Let us see some more consonants:

7		8	
ങ	nga	ങ്ങ	nnga
ഞ	nja	ഞ്ഞ	nnja
ണ	Na	ണ്ണ	NNa
ന	na	ന്ന	nna
മ	ma	മ്മ	mma

There are 10 consonants in this table. The ones in column 7 are the nasal forms of the ones in column 1. Thus ങ is ക coming through the nose. The ones in column 8 are their stressed forms.

Now we have seen 40 consonant sounds that are arranged according to certain vertical and horizontal patterns. Now we shall see a few consonants that do not fall within this pattern.

There are 17 consonants in this table. The ones in row 1 have only a base form. The ones in row 2 have a base form and a stressed form as given in row 3.

1	ഴ	ഷ	റ	ര	ഹ	
	zha	sha	Ra	ra	ha	
2	യ	ല	വ	ശ	സ	ള
	ya	la	va	Sa	sa	La
3	യ്യ	ല്ല	വ്വ	ശ്ശ	സ്സ	ള്ള

Usually consonants stand only with vowels. But there are seven consonants that stand independently without the support of vowels. They have their own forms as shown below:

Consonant	റ	ള	ല	ന	ണ	മ	ഹ
Independent form	ർ	ൾ	ൽ	ൻ	ൺ	ം	ഃ
Sound	R	L	l	n	N	m	h

Examples of words with "ഃ" are ദുഃഖം, അന്തഃപുരം.

Day 7: Worksheet

Match Column A with Column B

1.

A. Base Form		B. Nasal Form	
1	ക		ന
2	ച		മ
3	ട		ങ
4	ത		ഞ
5	പ		ണ

2.

A. Base Form		B. Stressed Form	
1	ങ		ങ്ങ
2	ഞ		ണ്ണ
3	ണ		ന്ന
4	ന		മ്മ
5	മ		ഞ്ഞ

3

A. Base Form		B. Stressed Form	
1	യ		യ്യ
2	ല		ല്ല
3	വ		ള്ള
4	ശ		വ്വ
5	സ		ശ്ശ
6	ള		സ്സ

4.

A. Base Form		B. Independent Form	
1	റ		ൺ
2	ള		ൻ
3	ല		ർ
4	ന		ൽ
5	ണ		ൾ
6	മ		ം
7	ഹ		ഃ

Day 8. Consonant Combinations

When two consonants combine, the first one is without a vowel. To indicate that a consonant is without a vowel, we use the half moon mark “ ് ". This is one function of this mark. The other function is to represent a vowel sound at the end of words. Let us see some examples:

Words	Sound	Meaning
ഭക്ത	bhaktha	Devotee
ഇഷ്ടം	ishtam	Desire, will
പൊയ്ക	poyka	Pool

When a consonant combines with യ, ര/റ, വ, ല/ള, they are replaced by shorter symbols.

-- + യ	്യ
-- + ര/റ	്ര
-- + വ	്വ
-- + ല/ള	്ല

ക + യ	ക്യ
ക + ര/റ	ക്ര
ക + വ	ക്വ
ക + ല/ള	ക്ല

Let us make some words

Words	Sound	Meaning
സത്യം	sathyam	truth
ക്രമം	kRamam	order
ഗ്രാമം	gra-mam	village
ഭോഷത്വം	bho-shathwam	foolishness
ക്ലാസ്	kLa-s	class

ല/ള may be combined with various consonants to make ക്ല, ഗ്ല, പ്ല, ബ്ല, മ്ല, ല്ല, ശ്ല, സ്ല, ഷ്ല

Day 8: Worksheet

Match Column A with Column B

1.

A. Full Form		B. Short Form	
1	യ		്ര
2	ര/റ		ല
3	വ		്യ
4	ള		്വ

2.

A. Consonants		B. Consonant combination	
1	ഷ+ട		ക്ര
2	ക+യ		ക്ല
3	ക+ര		ക്യ
4	ക+വ		ക്വ
5	ക+ള		ഷ്ട

Day 9. More Consonant Combinations

Several consonants that combine with each other have their own forms as shown below:

consonants	combination	sound
ങ + ക	ങ്ക	nga
ഞ + ച	ഞ്ച	ncha
ണ + ട	ണ്ട	Nta
ന + ത	ന്ത	ntha
മ + പ	മ്പ	mpa

We can put two, three, or four consonants together as follows:

- ✧ ഹ + ന = ഹ്ന
- ✧ ന + മ = ന്മ
- ✧ ന + ത + വ = ന്ത്വ
- ✧ ന + ദ + ര = ന്ദ്ര
- ✧ ന + ത + യ = ന്ത്യ
- ✧ ന + ത + റ = ന്ത്ര
- ✧ ന + ത + റ + യ = ന്ത്ര്യ

There are other combinations of consonants:
ക്ഷ, ത്ഥ, ദ്ധ, ന്ദ, മ്ബ, സ്റ്റ, ക്ട, ബ്ധ, ബ്ദ, ച്ഛ, ഹ്മ, ന്ധ, ത്സ, ണ്മ, സ്ഥ, ന്ഥ, ജ്ഞ, ത്ഭ, ശ്മ, ശ്ച, ണ്ഡ, ത്മ, ക്ത, ശ്ന, ന്റ, ഷ്ട, ല്പ, ള്ക്ക

These can also be written by using the half moon mark of " ˘ "

ക്ത = ക്‌ത, ത്ഭ = ത്‌ഭ

Day 9: Worksheet

Match Column A with Column B

Consonants		Consonant combination	
1	മ + പ		ന്ദ്ര
2	സ + ഥ		ക്ഷ
3	ന + ധ		ന്മ
4	ച + ഛ		ണ്മ
5	ജ + ഞ		ത്ഥ
6	ത + സ		മ്പ
7	ണ + ഡ		ദ്ധ
8	ത + ഥ		ഗ്ന
9	ക + ഷ		ന്റ
10	ന + ദ + ര		ശ്ല
11	ദ + ധ		ച്ഛ
12	ക + ല		ഹ്ന
13	ന + ഥ		ന്ധ
14	ണ + മ		ത്സ
15	ശ + ച		സ്ഥ
16	ത + മ + യ		ത്മ്യ
17	ന + റ		ണ്ഡ
18	ന + മ		ജ്ഞ
19	ഗ + ന		ന്ഥ
20	ഹ + ന		ശ്ച

Day 10. Sounds Difficult for English speakers

Now let us have a closer look at the Malayalam sounds that are difficult for English speakers.

ന is a special letter in Malayalam—one with two different sounds. In the word, നനഞ്ഞു, the first and second ന have two different sounds. The tongue touches the teeth when you say the first one. For convenience, let us call it the teeth-sound. The tongue moves back a little and touches the part behind the teeth (teeth ridge) when you say the second one. For convenience, let us call it the teeth-ridge-sound. English speakers are familiar with the teeth-ridge sound, but not with the teeth-sound. Wherever the teeth-sound occurs they tend to mispronounce it as the teeth-ridge-sound.

Here is a quick rule to identify them: teeth-sound usually occurs at the beginning of a word, and teeth-ridge one in other positions. In the following examples, let us use N for teeth sound, and n for teeth-ridge sound.

Word	Teeth-Sound	Meaning
നാശം	Na-sham	destruction
നിയമം	Niyamam	law
നേരേ	Ne-re	straight
നിറം	Niram	color
Word	Teeth-ridge Sound	Meaning
പനി	pani	fever
മാനം	ma-nam	honor, sky
വേദന	ve-dhana	pain
ആന	a-na	elephant

The rule of position does not apply to the stressed form-ന്ന. Consider words like പന്നി, (pig) and കന്നി (a month in Malayalam Calendar). In the first it is teeth-sound, in the second, teeth-ridge sound.

Day 10: Worksheet

We shall see a few words here with ന and its stressed form ന്ന. Each letter has two sounds each with the tongue touching the teeth and the teeth-ridge. Identify the sound of these letters in the following words. Write T for teeth-sound, and write R for teeth-ridge sound.

Words with ന and ന്ന	Teeth-sound- T Teeth-ridge sound - R
നരി	T
കനം	R
നമ്മുടെ	
നിന്നുടെ	
കന്ന്	
മാനം	
ഒന്ന്	
നാശം	
പനി	
മിന്നൽ	
വന്നാൽ	
മുന്നോട്ട്	
നിര	
നിശ്ചലം	
നീതി	
കനൽ	
നൗക	
നല്ല	
മനുഷ്യൻ	

Day 11. More Difficult Sounds

ണ is also a problem sound for English speakers. This sound is present in English in words like "money", so they can easily make that sound. But the problem is that they cannot distinguish this sound from ന. English has only one letter "n" for ന, ന്ന, ണ, ണ്ണ, ൻ, ൺ. They find it hard to distinguish between words like

- ✧ മനം മണം
- ✧ കന്ന് കണ്ണ്
- ✧ മന്നിൽ മണ്ണിൽ
- ✧ പനി പന്നി പണി

We saw the two sounds of ന -- the teeth sound and the teeth-ridge sound. For ണ , the tongue rolls further back and touches the palate.

ഴ is a very difficult sound for English speakers. That is why the British people changed our place names, കോഴിക്കോട് and ആലപ്പുഴ, to Calicut and Alleppey. For ล, the tongue touches the teeth-ridge. For ര, the tongue rolls a little back, and touches the back of the teeth-ridge. For ഴ, the tongue rolls further back, and touches the palate. For all these three, the tongue makes only a slight touch or a friction.

Word	Sound	Meaning
പഴം	pazham	banana
പഴയ	pazhaya	old
മഴ	mazha	rain

Day 11: Worksheet

These exercises are meant to help you with some of the difficult sounds.

1. Mark teeth-sound (T), teeth-ridge sound (R), or Palate sound (P) for the sounds of these letters.-- ന, ന്ന, ണ, ണ്ണ.

പണം	P
വന്നു	
പന	
എന്നോട്	
കണ്ണാടി	
നായ	

2. Mark Front teeth-ridge (F) Back teeth-ridge (B), or Palate (P) for the sounds of these letters—ഴ, റ, ര.

മഴ	P
മറ	
മരം	
കറ	
കരം	
കോഴി	

Day 12. More Difficult Sounds

Instead of ശ, English speakers usually say "sh" or "s" sound. Thus for പശ, they say പഷ or പസ. The tongue touches the front part of the teeth-ridge for സ, the back of the teeth-ridge for ശ, the palate for ഷ . Let us use S to transcribe ശ.

ല, ള, ൽ, ൾ – all these are difficult for English speakers because there is only one sound "l" in English instead of these four sounds. മേല, മേള, മേൽ, കേൾ. The tongue touches the teeth-ridge for ല, and palate for ള . To transcribe let use l for ല, and L for ള.

ഞ is a very difficult sound for English people. For ഞങ്ങൾ, they usually say നങ്ങൾ (NangaL). The tongue touches the front-teeth-ridge for ന, and the back-teeth-ridge for ഞ.

K and kh are not different in English. So English speakers find it difficult to distinguish between ക and ഖ. This is also true for ച and ഛ, ട and ഠ, ത and ഥ, പ and ഫ.

The sounds ഘ, ഝ, ഢ, ധ, ഭ are hard for English speakers because English does not have these sounds. Actually these sounds came from Sanskrit language, and they are used only in words that came from Sanskrit. Malayalees often don't distinguish between ഖ and ഘ in their speech. They often sound the same in their speech. This is also true for ഛ ഝ, ഠ ഢ, ഥ ധ, ഫ ഭ.

Day 12: Worksheet

These exercises are meant to help you with some of the difficult sounds. Read the words in the following tables and identify the difference in sounds.

1.

വല	വള
പാലം	പാളം
കലം	കളം
തോൽ	തോൾ
ആൽ	ആൾ

2.

കരം	ഖരം
ചായ	ഛായ
പാടം	പാഠം
പത	കഥ
പണം	ഫണം

3.

മന്നിൽ	മഞ്ഞിൽ
പന്നി	പഞ്ഞി

4.

സമം	ശമം
മോശം	മോഷണം
ശക്തി	ആസക്തി
വിഷമം	വിസ്മയം
മഷി	മീശ

5.

ഗണം	ഘനം
ജലം	ഝഷം
ഡംഭം	വിഢി
ദലം	ധനം
ബാല്യം	ഭാഗ്യം

Day 13. Sound Changes when Words Join

Words are marked and separated by a little time in speech and by a little space in writing. Related words are often joined, eliminating the time in speech and the space in writing.

When two words come together, the last sound of the first word and the first sound of the second word come together. If these two sounds are a consonant and a vowel, they can combine as such.

Eg. മാറ്റം + എന്ന = മാറ്റമെന്ന

If a vowel is followed by a consonant, the consonant may get stressed.

പണി + പുര = പണിപ്പുര

If these two sounds are either vowels or consonants, it poses a problem. Usually vowels and consonants occur alternately. The problem is solved in various ways:

1. The first vowel is eliminated

Eg. കാറ്റ്+ അടിച്ചു = കാറ്റടിച്ചു

2. If the vowels are the same, they are replaced by a long vowel. For example, അ + അ = ആ
   ദേവ + ആലയം = ദേവാലയം
3. അ + ഇ = എ
   ഈശ്വര + ഇച്ഛ = ഈശ്വരേച്ഛ
4. അ + ഉ = ഒ
   ആതിശയ + ഉക്തി = ആതിശയോക്തി
5. A consonant is inserted between vowels
   പിടി + ആന = പിടിയാന
   തിരു + ആതിര + തിരുവാതിര
6. If two consonants are combined, the first one is often replaced by another one that easily goes with the sound of the other one.
   പിൻ + കാലം = പിൽക്കാലം

Day 13: Worksheet

Combined words are given. Write the words separately.

1. _____ + _____ = ആരുമവളെ

2. _____ + _____ = എന്നെപ്പോലെ

3. _____ + _____ = വന്നെന്ന്

4. _____ + _____ = എത്തിയെന്ന്

5. _____ + _____ = മരഞ്ചാടി

Combine these words

1. നിശ്ചയം + ഇല്ല = ----------------------

2. മുന്തിരി + തോപ്പ് = ----------------------

3. ചില + ആളുകൾ = ----------------------

4. പല + ഇടത്ത് = ----------------------

5. കല + ഉപാസന = ----------------------

Day 14: Malayalam Alphabet

Here we are summarizing all that we have learned in the last two weeks. Please spend some time with this and have a clear grasp of the sound system and the writing system of Malayalam before you proceed to the grammar and meaning systems.

Speech sounds are usually classified into vowels and consonants. Vowels come out freely through the mouth without any obstruction. Consonants are produced by making obstructions at various points in the mouth.

Sounds combine to form syllables. Some sounds can stand independently as syllables, whereas some others can stand only with an independent sound.

Vowels

Most of the vowels can stand alone as syllables.
We can classify them to short and long as follows:

Short   അ   ഇ   ഉ   എ   ഒ   ഋ
Long   ആ   ഈ   ഊ   ഏ   ഓ

We can combine two vowels to make a vowel pair as follows:

ഐ = അ/എ + ഇ
ഔ = അ + ഉ

When vowels are combined with consonants, they have shorter forms as follows:

Short   -ി   -ു   െ-   ൊ-   ൃ   -ം
Long   -ാ   -ീ   -ൂ   േ-   ോ-
Pairs   ൈ-   -ൗ

അ is visible only when it stands alone. When it stands with a consonant, it remains invisible. It is invisibly attached to all the consonants. So it does not have a short form.

The half-moon sign ˘ has only a short form because it cannot stand alone as a syllable.

Consonants

Consonants usually stand depending on a vowel. If a consonant letter does not accompany a short form of a vowel, its stands with the invisible vowel-- അ. Thus the letter ക represents a syllable with two sounds in it -- the consonant and the vowel അ. Whenever we want to indicate a consonant without a vowel, we use the half-moon symbol ˘. Thus ക്ത has three sounds-- two consonants followed by the vowel അ.

The half-moon sign ˘ has two functions. It represents a vowel sound at the end of words as in കതക്. When two consonants combine, it indicates that the preceding consonant stands without a vowel as in ക്ത.

These are the basic consonants we need to learn before we learn others. They are vertically arranged based on the location of the obstruction made within the mouth when we pronounce them. For ക, the obstruction is at the back, for പ, the obstruction is at the very front. The others are in between.

ക
ച
ട
ത
പ

1	2	3	4	5	6	7	8
ക	ക്ക	ഖ	ഗ	ഗ്ഗ	ഘ	ങ	ങ്ങ
ച	ച്ച	ഛ	ജ	ജ്ജ	ഝ	ഞ	ഞ്ഞ
ട	ട്ട	ഠ	ഡ		ഢ	ണ	ണ്ണ
	റ്റ						
ത	ത്ത	ഥ	ദ	ദ്ദ	ധ	ന	ന്ന
പ	പ്പ	ഫ	ബ	ബ്ബ	ഭ	മ	മ്മ

- The ones in column 2 are the stressed forms of the basic ones. For example, ക്ക = ക്‌ക = ക+ ക. റ്റ has only a stressed form, no base form.
- The ones in column 3 have a ഹ added to the basic ones. For example ഖ = ക്‌ഹ = ക + ഹ
- The ones in column 4 are the basic ones sounded with a higher intensity. Thus ഗ is intensely sounded ക.
- The ones in column 5 are the stressed forms of the ones in column 4. Thus, ജ്ജ = ജ്‌ജ = ജ+ജ
- The ones in column 6 have a ഹ added to the ones in column 4. Thus, ഘ = ഗ്‌ഹ = ഗ+ ഹ
- The ones in column 7 are basic ones produced through the nose. Thus ങ is ക coming through the nose.
- The ones in column 8 are stressed forms of the ones in column 7. Thus, ങ്ങ = ങ്‌ങ = ങ+ ങ

There are some more consonants. Some of them have stressed forms.

1	ഴ	ഷ	റ	ര	ഹ	
2	യ	ല	വ	ശ	സ	ള
3	യ്യ	ല്ല	വ്വ	ശ്ശ	സ്സ	ള്ള

The ones in row 1 have only a base form. The ones in row 2 have a stressed form as in row 3.

A few consonants when they stand independently of vowels are transformed as follows:

1	ര	ള	ല	ന	ണ	മ	ഹ
2	ർ	ൾ	ൽ	ൻ	ൺ	ം	ഃ

The ones in row 1 are the base forms. The ones in row 2 are the independent forms.

<u>Consonant pairs</u>

Two different consonants can combine as follows:

ങ + ക	ങ്ക
ഞ + ച	ഞ്ച
ണ + ട	ണ്ട
ന + ത	ന്ത
മ + പ	മ്പ

When two different consonants combine, the second one is replaced by a shorter symbol.

Base form Consonant	Shorter Symbol
-- + യ	-്യ
-- + ര/റ	്ര-
-- + വ	-്വ
-- + ല/ള	ഌ

Day 14: Worksheet

Using the given letters and symbols, see if you can translate these words to Malayalam.

-ി -ു െ- െ-ാ -് -ാ -ീ -ൂ
േ- േ-ാ അ ഇ ഉ എ ഒ ക ച ട ത പ
ണ ന മ യ ര റ ല ള വ ർ ൽ ൾ ൻ ൺ ം
ക്ക ച്ച ട്ട ത്ത പ്പ ന്ന മ്മ ങ്ങ

1. milk ------------------
2. head ------------------
3. money -----------------
4. frog ------------------
5. umbrella ------------------
6. son -------------------
7. daughter -----------------
8. picture ------------------
9. floor -----------------
10. tree -----------------
11. jumped --------------
12. ran --------------
13. fell down --------------
14. pulled ---------------
15. drank ---------------

Part 2. Words And Their Meanings

In part one, we learned the sounds and letters of Malayalam. The entire audible and visible architecture of a language is made of these building blocks. Sounds bring language to our ears, and letters bring it to our eyes. I suggest that you stay with part 1 until you can read all the letters of Malayalam. Once you have gained the ability to identify all the sounds and letters of Malayalam, then slowly take the next step.

Here, we are going to have a look at the words of Malayalam. Unlike sounds and letters, words are the units of meaning-- they bring language to our mind. Words are the building blocks of the inner structures of language-- the structures of grammar and meaning.

It is impossible to learn all the words of a language at a time. We can only get to know some commonly used words. Some very common words that we use in our everyday life are introduced to you here. Spend some time with them. Learning words become easier if you can find a learning partner. Your partner says a word in English and you say it in Malayalam. Your partner says a word in Malayalam, and you say it in English. Your partner points at a thing, and you say its Malayalam name.

Spend enough time with this part until you get familiar with almost all the words you find here. You cannot move on to the next step until you are familiar with the common words. Most of the words are nouns-- the words that denote places, persons and things.

Day 15. Words: Animals

Word	Sound	Meaning
കരടി	karati	bear
പക്ഷി	pakshi	bird
കാള	ka-La	bull, ox
പൂച്ച	pu-ccha	cat
പശു	paSu	cow
മാൻ	ma-n	deer
പട്ടി	patti	dog
കഴുത	kazhutha	donkey, hare
പ്രാവ്	pRa-v'	dove
പരുന്ത്, കഴുകൻ	parunth', kazhukan	eagle
ആന	a-na	elephant
കുറുക്കൻ	kuRukkan	fox
ജിറാഫ്	jiRa-f'	giraffe
ആട്	a-t'	goat, sheep
നീർക്കുതിര	ni-Rkkuthira	hippopotamus
കുതിര	kuthira	horse
ആട്ടിൻകുട്ടി	a-ttinkutti	lamb
സിംഹം	simham	lion
കുരങ്ങ്	kurang'	monkey
എലി	eli	mouse, rat
പന്നി	Panni (teeth sound)	pig
മുയൽ	muyal	rabbit
പാമ്പ്	pa-mp'	snake
കടുവ	katuva	tiger
ചെന്നായ്	chenna-y' (teeth sound)	wolf

Day 15: Worksheet

1. Match Column A with Column B

	A	B
1	bear	നീർക്കുതിര
2	bird	പക്ഷി
3	bull, ox	പട്ടി
4	cat	പന്നി
5	cow	കഴുകൻ
6	deer	പശു
7	dog	പാമ്പ്
8	donkey, hare	പൂച്ച
9	dove	പ്രാവ്
10	eagle	മാൻ
11	elephant	മുയൽ
12	fox	ആന
13	giraffe	ആട്ടിൻകുട്ടി
14	goat, sheep	ആട്
15	hippopotamus	എലി
16	horse	കരടി
17	lamb	കഴുത
18	lion	കാള
19	monkey	കുരങ്ങ്
20	mouse, rat	കുറുക്കൻ
21	pig	കുതിര
22	rabbit	കടുവ
23	snake	സിംഹം
24	tiger	ജിറാഫ്
25	wolf	ചെന്നായ്

Copy the same word in column 2 and write its meaning in Column 3

Word	Word	Meaning
കരടി		
പക്ഷി		
കാള		
പൂച്ച		
പശു		
മാൻ		
പട്ടി		
കഴുത		
പ്രാവ്		
പരുന്ത്,		
ആന		
കുറുക്കൻ		
ജിറാഫ്		
ആട്		
നീർക്കുതിര		
കുതിര		
ആട്ടിൻകുട്ടി		
സിംഹം		
കുരങ്ങ്		
എലി		
പന്നി		
മുയൽ		
പാമ്പ്		
കടുവ		
ചെന്നായ്		

Day 16. Words: Our Body

കയ്യ്	kayy'	arm
കവിൾ	kaviL	cheeks
നെഞ്ച്	nench'	chest
താടി	tha-ti	chin
കാത്, ചെവി	ka-th', chevi	ear
കയ്മുട്ട്	kaymutt'	elbow
കണ്ണ്	kaNN'	eye
മുഖം	mukham	face
കൈവിരൽ	kaiviral	finger
പാദം	pa-dham	foot
മുടി	muti	hair
കൈപ്പത്തി	kaippatthi	hand
തല	thala	head
കാൽമുട്ട്	ka-lmutt'	knee
കാൽ	ka-l	leg
ചുണ്ട്	chund'	lip
വായ്	va-y'	mouth
കഴുത്ത്	kazhutth'	neck
മൂക്ക്	mu-kk'	nose
തോൾ	tho-L	shoulder
വയറ്	vayar'	stomach
തുട	thuta	thigh
തൊണ്ട	thoNta	throat
പെരുവിരൽ	peruviral	thumb
കാൽവിരൽ	ka-lviral	toe
നാക്ക്	na-kk'	tongue
പല്ല്	pall'	tooth

Day 16 : Worksheet

1. Write the name of each part of the body in Malayalam.

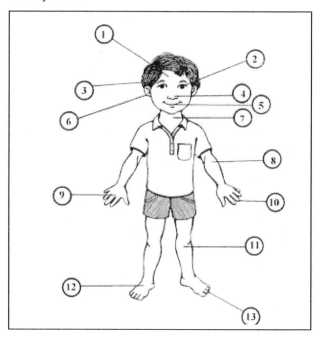

1
7
8
9
10
11

1. ____________________ 7. ____________________

2. ____________________ 8. ____________________

3. ____________________ 9. ____________________

4. ____________________ 10. ____________________

5. ____________________ 11. ____________________

6. ____________________ 12. ____________________

2. Match Column A with Column B

	A		B
1	നാക്ക്		arm
2	പാദം		cheeks
3	മുഖം		chest
4	മുടി		chin
5	മൂക്ക്		ear
6	വയറ്		elbow
7	വായ്		eye
8	കയ്യ്		face
9	കണ്ണ്		finger
10	കയ്മുട്ട്		foot
11	കഴുത്ത്		hair
12	കവിൾ		hand
13	കാൽ		head
14	കാൽമുട്ട്		knee
15	കാൽവിരൽ		leg
16	കാത്, ചെവി		lip
17	ചുണ്ട്		mouth
18	നെഞ്ച്		neck
19	പെരുവിരൽ		nose
20	കൈപ്പത്തി		shoulder
21	കൈവിരൽ		stomach
22	തൊണ്ട		thigh
23	തോൾ		throat
24	തല		thumb
25	താടി		toe
26	തുട		tongue

Day 17. Words: Our Food

Word	Sound	Meaning
ആഹാരം	a-ha-ram	food
ഭക്ഷണം	bhakshaNam	food
റൊട്ടി	Rotti	bread
പ്രഭാതഭക്ഷണം	prabha-thabhakshanam	breakfast
വെണ്ണ	veNNa	butter
മിഠായി	miTha-yi	candy
കോഴിയിറച്ചി	kozhiyiRachi	chicken
മല്ലി	malli	coriander
ജീരകം	ji-rakam	cuminseed
തൈര്	thair'	curd
മധുരം	madhuram	dessert
പരിപ്പ്	paripp'	dhal
അത്താഴം	attha-zham	dinner
മീൻ, മത്സ്യം	mi-n, malsyam	fish
വെളുത്തുള്ളി	veLutthuLLi	garlic
ഉച്ചഭക്ഷണം	uchabhakshaNam	lunch
ഊണ്	u-N'	meals
ഇറച്ചി	iRacchi	meat
പാൽ	pa-l	milk
കടുക്	kaduk'	mustard
ഉള്ളി	uLLi	onions
കുരുമുളക്	kurumuLak'	pepper
പന്നിയിറച്ചി	panniyiRachi	pork
അരി	ari	rice
ഉപ്പ്	upp'	salt
പഞ്ചസാര	panchasa-ra	sugar
മഞ്ഞൾ	mannjal	turmeric
ഗോതമ്പ്	go-thamp'	wheat

Word	Sound	Meaning
വാഴപ്പഴം	va-zhappazham	banana
പയർ	payaR	beans
വഴുതണങ്ങ	vazhuthaNanga	brinjal
പറങ്കിയണ്ടി	paRankiyaNti	cashew nut
തേങ്ങ	the-nga	coconut
ചോളം	cho-Lam	corn
വെള്ളരിക്ക	veLLarikka	cucumber
പഴങ്ങൾ	pazhangaL	fruit
ഇഞ്ചി	inji	ginger
മുന്തിരിങ്ങ	munthiringa	grapes
ചക്ക	chakka	jackfruit
വെണ്ടക്ക	ventakka	lady's finger
നാരങ്ങ	na-ranga	lemon
മാങ്ങ	ma-nga	mango
കപ്പലണ്ടി,	kappalaNti	peanut
നിലക്കടല	nilakatala	peanut
കൈതച്ചക്ക	kaithacchakka	pineappale
ഉരുളക്കിഴങ്ങ്	uruLakkizhang'	potato
മത്തങ്ങ	matthanga	pumpkin
തക്കാളി	thakka-Li	tomato
പച്ചക്കറി	pachakkaRi	vegetable

Day 17: Worksheet

	A	B
1	bread	പഞ്ചസാര
2	breakfast	പന്നിയിറച്ചി
3	butter	പരിപ്പ്
4	candy	പാൽ
5	chicken	പ്രഭാതഭക്ഷണം
6	coriander	മധുരം
7	cuminseed	അത്താഴം
8	curd	അത്താഴം
9	dessert	മഞ്ഞൾ
10	dhal	മല്ലി
11	dinner	അരി
12	fish	മിഠായി
13	garlic	മീൻ, മത്സ്യം
14	lunch	ഇറച്ചി
15	meals	ഉച്ചഭക്ഷണം
16	meat	ഉപ്പ്
17	milk	ഉള്ളി
18	mustard	ഊണ്
19	onions	കുരുമുളക്
20	pepper	കടുക്
21	pork	ജീരകം
22	rice	റൊട്ടി
23	salt	വെണ്ണ
24	sugar	വെളുത്തുള്ളി
25	supper	തൈര്
26	turmeric	കോഴിയിറച്ചി
27	wheat	ഗോതമ്പ്

2. Match Column A with column B

A		B	
1	banana		വാഴപ്പഴം
2	beans		മുന്തിരിങ്ങ
3	brinjal		ചക്ക
4	cashew nut		വെണ്ടക്ക
5	coconut		നാരങ്ങ
6	corn		മാങ്ങ
7	cucumber		കപ്പലണ്ടി,
8	fruit		നിലക്കടല
9	ginger		കൈതച്ചക്ക
10	grapes		ഉരുളക്കിഴങ്ങ്
11	jackfruit		മത്തങ്ങ
12	lady's finger		പയർ
13	lemon		തക്കാളി
14	mango		പച്ചക്കറി
15	peanut		വഴുതണങ്ങ
16	peanut		പറങ്കിയണ്ടി
17	pineappale		തേങ്ങ
18	potato		ചോളം
19	pumpkin		വെള്ളരിക്ക
20	tomato		പഴങ്ങൾ
21	vegetable		ഇഞ്ചി

Day 18. Words: Our Home

Word	Sound	Meaning
കുളിമുറി	kuLimuRi	bathroom
കിടക്ക	kitakka	bed
കിടപ്പുമുറി	kitappumuRi	bedroom
കസേര	kase-ra	chair
തുണികൾ	thuNikaL	clothes
തറ	thaRa	floor
തൊപ്പി	thoppi	hat
മഷി	mashi	ink
അടുക്കള	atukkaLa	kitchen
കത്തി	katthi	knife
വിളക്ക്	viLakk'	lamp
എഴുത്ത്	ezhutth'	letter
മരുന്നുകട	marunnukata	pharmacy
പടം, ചിത്രം	patam, chithram	picture
പാത്രം	pa-thram	plate
മേൽക്കൂര	me-lkku-ra	roof
മുറി	muRi	room
പരവതാനി	paravatha-ni	rug
കത്രിക	kathRika	scissors
ഉടുപ്പ്	utupp'	shirt
കാലുറ	ka-luRa	socks
മേശ	me-Sa	table
കക്കൂസ്	kakku-s'	toilet
തുവർത്ത്	thuvaRtth'	towel
കുട	kuta	umbrella
അടിവസ്ത്രം	ativasthRam	underwear
ഭിത്തി	bhitthi	wall

Day 18: Worksheet

1. Match Column A with column B

	A	B
1	bathroom	പരവതാനി
2	bed	പാത്രം
3	bedroom	പടം, ചിത്രം
4	chair	ഭിത്തി
5	clothes	മരുന്നുകട
6	floor	മഷി
7	hat	മുറി
8	ink	അടിവസ്ത്രം
9	kitchen	അടുക്കള
10	knife	ഉടുപ്പ്
11	lamp	എഴുത്ത്
12	letter	വിളക്ക്
13	pharmacy	കത്രിക
14	picture	കക്കൂസ്
15	plate	കത്തി
16	roof	കാലുറ
17	room	കിടക്ക
18	rug	കിടപ്പുമുറി
19	scissors	കുളിമുറി
20	shirt	കുട
21	socks	കസേര
22	table	തൊപ്പി
23	toilet	മേൽക്കൂര
24	towel	മേശ
25	umbrella	തറ
26	underwear	തുവർത്ത്
27	wall	തുണികൾ

Day 19. Words: Our Family

Male	Female	Common
മകൻ	മകൾ	മക്കൾ
ചേട്ടൻ, ചാച്ചൻ, അച്ചാച്ചൻ	ചേച്ചി	
അനുജൻ	അനുജത്തി	
സഹോദരൻ	സഹോദരി	സഹോദരർ
പിതാവ് അപ്പൻ,അച്ഛൻ അപ്പച്ചൻ വാപ്പ	മാതാവ് അമ്മ അമ്മച്ചി ഉമ്മ	മാതാപിതാക്കൾ അച്ഛനമ്മമാർ
വലിയപ്പൻ മുത്തശ്ശൻ	വലിയമ്മ മുത്തശ്ശി	
അമ്മാവൻ, അമ്മാച്ചൻ	അമ്മാവി	
മരുമകൻ	മരുമകൾ	മരുമക്കൾ
അമ്മാവിയപ്പൻ	അമ്മാവിയമ്മ	
കൊച്ചുമകൻ	കൊച്ചുമകൾ	കൊച്ചുമക്കൾ
ഭർത്താവ്	ഭാര്യ	ദമ്പതിമാർ

Word	Sound	Meaning
അമ്മാവി	amma-vi	aunt
സഹോദരൻ	saho-daran	brother
അനുജൻ	anujan	brother - younger
ആങ്ങള	a-ngala (sister calls)	brother
ചേട്ടൻ, ചാച്ചൻ, അച്ചാച്ചൻ	che-ttan, cha-cchan, accha-cchan	brother -older
ദമ്പതിമാർ	dhambathima-r	couple
മകൾ	makal	daughter
മരുമകൾ	marumakal	daughter-in-law

പിതാവ്, അപ്പൻ, അച്ഛൻ, അപ്പച്ചൻ, വാപ്പ	pitha-v', appan, achChan, appacchan, va-ppa	father
കൊച്ചുമകൾ	kocchumakal	grand daughter
വലിയപ്പൻ, അപ്പൂപ്പൻ	valiyappan, appu-ppan	grandfather
വലിയമ്മ, അമ്മൂമ്മ	valiyamma, ammu-mma	grandmother
കൊച്ചുമകൻ	kocchumakan	grandson
ഭർത്താവ്	bhaRtha-v'	husband
മാതാവ്, അമ്മ, അമ്മച്ചി, ഉമ്മ	ma-tha-v', amma, ammacchi, umma	mother
മാതാപിതാക്കൾ	ma-tha-pitha-kkaL	parents
സഹോദരി	saho-dari	sister
ചേച്ചി	che-chi	sister – older
പെങ്ങൾ	pengal	sister (brother calls)
അനുജത്തി	anujatthi	sister- younger
മകൻ	makan	son
മരുമകൻ	marumakan	son-in-law
അമ്മാവൻ, അമ്മാച്ചൻ	amma van, amma cchan	uncle
ഭാര്യ	bha-rya	wife

Day 19: Worksheet

Match Column A with column B

#	A	#	B
1	aunt	9	പിതാവ്, അപ്പൻ, അച്ഛൻ, അപ്പച്ചൻ, വാപ്പ
2	brother		ഭർത്താവ്
3	brother - younger		ഭാര്യ
4	brother (sister calls)		അനുജത്തി
5	brother -older		അനുജൻ
6	couple		അമ്മാവൻ, അമ്മാച്ചൻ
7	daughter		അമ്മാവി
8	daughter-in-law		മരുമകൻ
9	father		മരുമകൾ
10	grand daughter		മകൻ
11	grandfather		മകൾ
12	grandmother		മാതാപിതാക്കൾ
13	grandson		മാതാവ്, അമ്മ, അമ്മച്ചി, ഉമ്മ
14	husband		ആങ്ങള
15	mother		വലിയപ്പൻ, അപ്പൂപ്പൻ
16	parents		വലിയമ്മ, അമ്മൂമ്മ
17	sister		സഹോദരൻ
18	sister – older		സഹോദരി
19	sister (brother calls)		പെങ്ങൾ
20	sister- younger		കൊച്ചുമകൻ
21	son		കൊച്ചുമകൾ
22	son-in-law		ചേച്ചി
23	uncle		ചേട്ടൻ, ചാച്ചൻ, അച്ചാച്ചൻ
24	wife		ദമ്പതിമാർ

2. Write the names of your family members in column 1. Write how each of them is related to you in column 2.

My Family Members	**My relationship to them**
	അമ്മ

Day 20. Words: Numbers

Word	Sound	Meaning
ഒന്ന്	onn'	one
രണ്ട്	rant'	two
മൂന്ന്	mu-nn'	three
നാല്	na-l'	four
അഞ്ച്	anch'	five
ആറ്	a-R'	six
ഏഴ്	e-zh'	seven
എട്ട്	ett'	eight
ഒൻപത്	onpath'	nine
പത്ത്	path'	ten
പതിനൊന്ന്	pathinonn'	eleven
പന്ത്രണ്ട്	panthRant'	twelve
പതിമൂന്ന്	pathinmu-nn'	thirteen
പതിനാല്	pathina-l'	fourteen
പതിനഞ്ച്	pathinanch'	fifteen
പതിനാറ്	pathina-R'	sixteen
പതിനേഴ്	pathine-zh'	seventeen
പതിനെട്ട്	pathinett'	eighteen
പത്തൊൻപത്	patthonpath'	nineteen
ഇരുപത്	irupath'	twenty
ഇരുപത്തിയൊന്ന്	irupatthiyonn'	twenty-one
തൊണ്ണൂറ്	thonnu-R'	ninety
നൂറ്	nu-R'	hundred
നൂറ്റിപ്പത്ത്	nu-ttippath'	hundred and ten
ആയിരം	a-yiram	one thousand
ലക്ഷം	laksham	hundred thousand
കോടി	Ko-ti	ten million

Give special care to the numbers with 9.

9 - ഒൻപത് - onpath'

90 - തൊണ്ണൂറ് - thonnu-R'

900 – തൊള്ളായിരം - thoLLa-yiram

Word	Sound	Meaning
ഒന്നാം, ഒന്നാമത് ഒന്നാമത്തെ	onna-m, onna-math', onna-mathe	first
രണ്ടാം, രണ്ടാമത് രണ്ടാമത്തെ	randa-m, randa-math', randa-mathe	second
മൂന്നാം, മൂന്നാമത് മൂന്നാമത്തെ	mu-nna-m, mu-nna-math', mu-nna-mathe	third

Day 20: Worksheet

1. Write the number in Malayalam letters

8	
15	
25	
95	
190	
991	
1090	
1910	
2014	
2015	

Write the corresponding number in column B

A	B
നാല്	4
നൂറ്റിപ്പത്ത്	
നൂറ്	
പന്ത്രണ്ട്	
പത്ത്	
പത്തൊൻപത്	
പതിനഞ്ച്	
പതിനാറ്	
പതിനാല്	
പതിമൂന്ന്	
പതിനെട്ട്	
പതിനൊന്ന്	
പതിനേഴ്	
അഞ്ച്	
മൂന്ന്	
ആയിരം	
ആറ്	
ഇരുപത്തിയൊന്ന്	
ഇരുപത്	
രണ്ട്	
ലക്ഷം	
എട്ട്	
ഏഴ്	
ഒന്ന്	
ഒൻപത്	
തൊണ്ണൂറ്	
കോടി	

Day 21. Words: Our World

സൂര്യൻ	su-ryan	sun
ഭൂമി	bhu-mi	earth
ചന്ദ്രൻ	chandhran	moon
നക്ഷത്രം	nakshathram	star
ആകാശം	a-ka-Sam	sky
മഴ	mazha	rain
മേഘം	me-gham	cloud
കാറ്റ്	ka-TT'	wind
കടൽ	katal	sea
കുന്ന്	kunn'	hill
പട്ടണം	pattaNam	city
ഗ്രാമം	gra-mam	village
വൻകര	vankara	continent
രാജ്യം	ra-jyam	country
വടക്ക്	vatakk'	north
തെക്ക്	thekk'	south
കിഴക്ക്	kizhakk'	east
പടിഞ്ഞാറ്	patinja-r'	west
നദി	nadhi	river
വായു	va-yu	air

Day 21: Worksheet

1. Match Column A with column B

	A		B
1	air	17	സൂര്യൻ
2	city		ഭൂമി
3	cloud		ചന്ദ്രൻ
4	continent		നക്ഷത്രം
5	country		ആകാശം
6	earth		മഴ
7	east		മേഘം
8	hill		കാറ്റ്
9	moon		കടൽ
10	north		കുന്ന്
11	rain		പട്ടണം
12	river		ഗ്രാമം
13	sea		വൻകര
14	sky		രാജ്യം
15	south		വടക്ക്
16	star		തെക്ക്
17	sun		കിഴക്ക്
18	village		പടിഞ്ഞാറ്
19	west		നദി
20	wind		വായു

Day 22. Words: Size, Shape, etc.

Word	Sound	Meaning
വലിയ	valiya	big
വട്ടത്തിലുള്ള	vattatthiluLLa	circular
വളഞ്ഞ	vaLanja	crooked
ആഴമുള്ള	a-zhamuLLa	deep
ഉണങ്ങിയ	uNangiya	dry
വേഗത്തിൽ	ve-gatthil	fast
തടിച്ച	thaticha	fat
പരന്ന	paranna	flat
കട്ടിയുള്ള	kattiyuLLa	hard
ഭാരമുള്ള	bha-ramuLLa	heavy
ഉയർന്ന	uyaRnna	high, tall
ഭാരം കുറഞ്ഞ	bha-ram kuRanja	light
നീണ്ട	ni-nta	long
ഉച്ചത്തിൽ	ucchatthil	loud
ഇടുങ്ങിയ	itungiya	narrow
പരുപരുത്ത	paruparuttha	rough
ഉരുണ്ട	urunta	round
കൂർത്ത	ku-Rttha	sharp
നീളം കുറഞ്ഞ	ni-Lam kuranja	short
സാവധാനം	sa-vadha-nam	slow
ചെറിയ	cheRiya	small
മൃദുവായ	mr'duva-ya	soft
നേരായ	ne-ra-ya	straight
നനഞ്ഞ	nanannja	wet
വീതിയുള്ള	vi-thiyuLLa	wide

Day 22: Worksheet

Match Column A with Column B

#	A	#	B
1	big	1	വലിയ
2	circular		ഭാരമുള്ള
3	crooked		ഉയർന്ന
4	deep		ഭാരം കുറഞ്ഞ
5	dry		നീണ്ട
6	fast		ഉച്ചത്തിൽ
7	fat		ഇടുങ്ങിയ
8	flat		പരുപരുത്ത
9	hard		ഉരുണ്ട
10	heavy		കൂർത്ത
11	high, tall		നീളം കുറഞ്ഞ
12	light		വട്ടത്തിലുള്ള
13	long		സാവധാനം
14	loud		ചെറിയ
15	narrow		മൃദുവായ
16	rough		നേരായ
17	round		നനഞ്ഞ
18	sharp		വീതിയുള്ള
19	short		വളഞ്ഞ
20	slow		ആഴമുള്ള
21	small		ഉണങ്ങിയ
22	soft		വേഗത്തിൽ
23	straight		തടിച്ച
24	wet		പരന്ന
25	wide		കട്ടിയുള്ള

Day 23. Words: Color

Word	Sound	Meaning
നീല	ni-la	blue
തവിട്ടു	thavitt'	brown
പച്ച	paccha	green
ചുവപ്പ്	chuvapp'	red
വെള്ള	veLLa	white
മഞ്ഞ	mannja	yellow
കറുപ്പ്	kaRupp'	black
കടും നീല	kadum ni-la	dark blue
ഇളം നീല	iLam ni-la	light blue

Day 23: Worksheet

Match Column A with Column B

	A		B
1	blue	1	നീല
2	brown		പച്ച
3	green		മഞ്ഞ
4	red		ഇളം നീല
5	white		കറുപ്പ്
6	yellow		കടും നീല
7	black		ചുവപ്പ്
8	dark blue		വെള്ള
9	light blue		തവിട്ടു

Day 24. Words: Other Modifiers

Word	Sound	Meaning
ചീത്ത	chi-ttha	bad
കൈപ്പുള്ള	kaippuLLa	bitter
ശരിയായ	shariya-ya	correct, right
കറുത്ത/ഇരുണ്ട	kaRuttha/irunta	dark
പ്രയാസമുള്ള	pRaya-samuLLa	difficult
ആഴുക്കുള്ള/ വൃത്തികെട്ട	azhukkuLLa/ vr'tthiketta	dirty
എളുപ്പമുള്ള	eLuppamuLLa	easy
ശൂന്യമായ	Su-nyama-ya	empty
വില കൂടിയ	vila ku-tiya	expensive
വിദേശ	vidhe-Sa	foreign
നിറഞ്ഞ	nirannja	full
വില കുറഞ്ഞ	vila kuRannja	inexpensive
പുതിയ	puthiya	new
ശബ്ദമുഖരിതം	shabdhamukharitham	noisy
ബലമുള്ള	balamuLLa	powerful
ശാന്തമായ	shanthama-ya	quiet
ഉപ്പുള്ള	uppuLLa	salty
മൃദുവായ	mr'duva-ya	soft
പുളിപ്പുള്ള	puLippuLLa	sour
എരിവുള്ള	erivuLLa	spicy
മധുരമുള്ള	madhuramuLLa	sweet
വളരെ	vaLare	very
ദുർബലമായ	duRbalama-ya	weak
തെററായ	theTTa-ya	wrong
ചെറുപ്പമായ/ പ്രായംകുറഞ്ഞ	cheruppama-ya/ pRa-yam kuRannja	young

Day 24: Worksheet

Match Column A with column B

	A		B
1	bad	11	നിറഞ്ഞ
2	bitter		പുളിപ്പുള്ള
3	correct, right		പുതിയ
4	dark		പ്രയാസമുള്ള
5	difficult		മധുരമുള്ള
6	dirty		മൃദുവായ
7	easy		ആഴുക്കുള്ള/ വൃത്തികെട്ട
8	empty		ഉപ്പുള്ള
9	expensive		എരിവുള്ള
10	foreign		എളുപ്പമുള്ള
11	full		വളരെ
12	inexpensive		വിലകുറഞ്ഞ
13	new		വിലകൂടിയ
14	noisy		വിദേശ
15	powerful		കരിയായ
16	quiet		ശബ്ദമുഖരിതം
17	salty		കറുത്ത/ഇരുണ്ട
18	soft		ശാന്തമായ
19	sour		ശൂന്യമായ
20	spicy		ചീത്ത
21	sweet		ചെറുപ്പമായ/ പ്രായംകുറഞ്ഞ
22	very		കൈപ്പുള്ള
23	weak		തെററായ
24	wrong		ദുർബലമായ
25	young		ബലമുള്ള

Day 25. Words: States and Events.

Word	Sound	Meaning
ആകുക	a-kuka	be
വിളിക്കുക	viLikkuka	call
കരയുക	karayuka	cry
ചെയ്യുക	cheyyuka	do
തിന്നുക	thinnuka	eat
ഉണ്ട്	uNd'	have
കേൾക്കുക	ke-lkkuka	hear
സഹായിക്കുക	saha-yikkuka	help
ചിരിക്കുക	chirikkuka	laugh
പഠിക്കുക	paTikkuka	learn
നോക്കുക	no-kkuka	look
വായിക്കുക	va-yikkuka	read
ഓടുക	o-tuka	run
കാണുക	ka-Nuka	see
കാണിക്കുക	ka-Nikkuka	show
ഇരിക്കുക	irikkuka	sit
ഉറങ്ങുക	uRanguka	sleep
മണക്കുക	manakkuka	smell
സംസാരിക്കുക	samsa-rikkuka	speak
നിൽക്കുക	nilkkuka	stand
രുചിക്കുക	ruchikkuka	taste
പഠിപ്പിക്കുക	paTippikkuka	teach
തൊടുക	thotuka	touch
നടക്കുക	natakkuka	walk
എഴുതുക	ezhuthuka	write

Day 25: Worksheet

Match Column A with column B

	A		B
1	be		എഴുതുക
2	call		ആകുക
3	cry		പഠിക്കുക
4	do		നോക്കുക
5	eat		വായിക്കുക
6	have		ഓടുക
7	hear		കാണുക
8	help		കാണിക്കുക
9	laugh		ഇരിക്കുക
10	learn		ഉറങ്ങുക
11	look		മണക്കുക
12	read		സംസാരിക്കുക
13	run		വിളിക്കുക
14	see		നിൽക്കുക
15	show		എടുക്കുക
16	sit		രുചിക്കുക
17	sleep		പഠിപ്പിക്കുക
18	smell		തൊടുക
19	speak		നടക്കുക
20	stand		കരയുക
21	take		ചെയ്യുക
22	taste		തിന്നുക
23	teach		ഉണ്ട്
24	touch		കേൾക്കുക
25	walk		സഹായിക്കുക
26	write		ചിരിക്കുക

Day 26. Words: Time

Months of the Year

January	ജനുവരി
February	ഫെബ്രുവരി
March	മാർച്ച്
April	ഏപ്രിൽ
May	മെയ്
June	ജൂൺ
July	ജൂലൈ
August	ഓഗസ്റ്റ്
September	സെപ്റ്റംബർ
October	ഒക്ടോബർ
November	നവംബർ
December	ഡിസംബർ

Time Words

Word	Sound	Meaning
സമയം	samayam	time
കാലം	ka-lam	season, age
നൂറ്റാണ്ട്	nu-TTa-nt'	century
ആണ്ട്, വർഷം	a-Ntu', varsham	year
മാസം	ma-sam	month
ആഴ്ച	a-zhcha	week
ദിവസം	dhivasam	day
മണിക്കൂർ	maNikku-r	hour
മിനിട്ട്	miniTT'	minute
സെക്കന്റ്	sekkanT'	second
നിമിഷം	nimisham	moment

Days of the Week

Word	Sound	Meaning
ഞായർ	nja-yar	Sunday
തിങ്കൾ	thinkal	Monday
ചൊവ്വ	chovvah	Tuesday
ബുധൻ	budhan	Wednesday
വ്യാഴം	vya-zham	Thursday
വെള്ളി	veLLi	Friday
ശനി	Sani	Saturday

Frequency

Word	Sound	Meaning
എപ്പോഴും	eppo-zhum	always
കൂടെക്കൂടെ	ku-tekku-te	frequently
സാധാരണയായി	sa-dha-ranaya-yi	usually
ചിലപ്പോൾ	chilappo-L	sometimes
വല്ലപ്പോഴും	vallppo-zhum	occasionally
വിരളമായി	viraLama-yi	rarely, seldom
ഒരിക്കലുമില്ല	orikkalumilla	never

Past, Present & Future

മുമ്പ് In the past	ഇപ്പോൾ Now	ഭാവിയിൽ In the future
കഴിഞ്ഞ വർഷം past year	ഈ വർഷം This year	അടുത്ത വർഷം next year
ഇന്നലെ yesterday	ഇന്ന് today	നാളെ tomorrow
രാവിലെ in the morning	ഉച്ചക്ക് At noon	വൈകിട്ട് in the evening
നേരത്തേ earlier	ഇപ്പോൾ now	പിന്നീട് later

Telling Time

Words	Sound	Meaning
സമയം എന്തായി? എത്ര മണിയായി	samayam entha-yi ethRa maNiya-yi	what time is it?
അഞ്ചു മണി	anchu maNi	five o' clock
അഞ്ചേകാൽ	Anche-ka-l	five and a quarter
അഞ്ചര മണി	anchara maNi	five and a half
അഞ്ചേ മുക്കാൽ	anche- mukka-l	quarter to six
അഞ്ച് പത്ത്	anch' patth'	5:10
ആറിനു് പത്ത് മിനിട്ട്	a-Rin' patth' miniTT'	ten to six
പോകാറായി	po-ka-Ra-yi	it is time to go
ഊണു കഴിക്കാറായി	u-n' kazhikka-Ra-yi	it is time to eat lunch
നേരം വെളുത്തു	ne-ram veLutthu	it is dawn
നേരം ഇരുട്ടി	ne-ram irutti	it is dusk

Day 26: Worksheet

1. Match Column A with column B

	A	B
1	January	നവംബർ
2	February	മാർച്ച്
3	March	ഏപ്രിൽ
4	April	ഓഗസ്റ്റ്
5	May	ഒക്ടോബർ
6	June	ജനുവരി
7	July	ജൂൺ
8	August	ജൂലൈ
9	September	ഫെബ്രുവരി
10	October	മെയ്
11	November	സെപ്റ്റംബർ
12	December	ഡിസംബർ

2. Match Column A with column B

	A	B
1	Sunday	ബുധൻ
2	Monday	വ്യാഴം
3	Tuesday	ശനി
4	Wednesday	ഞായർ
5	Thursday	വെള്ളി
6	Friday	ചൊവ്വ
7	Saturday	തിങ്കൾ

Day 27. Word Classes and Word Formation

Words are classified according to their functions in phrases and sentences.

They are broadly classified into two: content words and structure words. Noun, Verb, adjective and adverb are content words, and all the others are structure words.

A noun acts as the main word of a noun phrase, and a verb acts as the main word of a verb phrase. An adjective modifies a noun, and an adverb modifies a verb. Pronouns are words that substitute noun phrases.

Words change classes with slight modifications.

Adjective	Noun	Verb	Adverb
പുതിയ	പുതുമ	പുതുക്കുക	പുതുതായി
കറുത്ത	കറുപ്പ്	കറുപ്പിക്കുക	
വീണ	വീഴ്ച	വീഴുക	
അറിവുള്ള	അറിവ്	അറിയുക	അറിവോടെ
ചൂടുള്ള	ചൂട്	ചൂടാക്കുക	ചൂടോടെ
വേഗം	വേഗത		വേഗത്തിൽ

A word can have various noun forms.

കള്ളം	കള്ളത്തരം	കള്ളൻ	കള്ളി
	കേമത്തം	കേമൻ	കേമി

A verb can have more than one form

പഠിക്കുക	പഠിപ്പിക്കുക
കാണുക	കാണിക്കുക
നടക്കുക	നടത്തുക

Day 27: Worksheet

Fill in the empty cells

Verb	Verb
	നിർത്തുക
ചെയ്യുക	
	വളർത്തുക
ഓടുക	

Noun	Noun
വിഢി	
	മാതൃത്വം
ചെറുപ്പക്കാരൻ	
	മിടുക്ക്

Verb	Noun
ഓടുക	
	കാഴ്ച
വായിക്കുക	
	മാറ്റം

Noun	Adjective
വെളുപ്പ്	
	പഴയ
തണുപ്പുള്ള	
	നീണ്ട

Adjective	adverb
അറിവുള്ള	
	വേഗത്തിൽ
പുതിയ	
	കോപത്തോടെ

Day 28: Polysemy, Synonymy, & Antonymy

When we match words with their meanings, we come across,

1. Polysemy: a word with several meanings.
2. Synonymy: several words with the same meaning.
3. Antonymy: Words that are opposite to each other in meaning.

   Let us see examples of each:

polysemy

ആറ്	river
	six
കോടി	10 million
	New clothes

Synonymy

ഇരുട്ട്	darkness
തമസ്സ്	
അന്ധകാരം	

Antonymy

സത്യം	അസത്യം
ആശ	നിരാശ
ഇരുട്ട്	വെളിച്ചം
പുതിയ	പഴയ
നല്ല	ചീത്ത
വലിയ	ചെറിയ

Day 28: Worksheet

Match column A with column B in the following tables.

	A		B
1	അടി		beating
			enemy
2	അരി		A grain
			bottom
			foot

Match the words in Column A with their synonyms in columns B and C

	A	B	C
1	ആകാശം	അശ്രു	നിദ്ര
2	ഉറക്കം	അംബരം	ബാഷ്പം
3	കച്ചവടം	വ്യാപാരം	വാനം
4	കണ്ണ്	ശയനം	വാണിജ്യം
5	കണ്ണീർ	നേത്രം	ദൃഷ്ടി

Match the words in column A with their antonyms in column B

	A		B
1	ആന്തരികം		പരാജയം
2	ജയം		ബാഹ്യം
3	നന്മ		സമ്പന്നം
4	ദരിദ്രം		ചെറുത്
5	വലുത്		തിന്മ

Part 3. Phrases

A phrase is made of one or more words. If it has more than one word, one will be the main word, and the others will be dependent on it. See an example;

പൂച്ച
ഒരു പൂച്ച
ഒരു വലിയ പൂച്ച
എലിയെ പിടിച്ച പൂച്ച

All these are examples of phrases. The first has only one word. The others, with more words, has one word, പൂച്ച, as the primary word, and the others depending on it.

Phrases can be classified into four based on the kind of the primary word of a phrase.

1. Noun phrase has a noun as its primary word. Eg.
ഒരു വലിയ പൂച്ച

A verb phrase has a verb as its primary word. Eg.
വേഗത്തിൽ ഓടി

2. An adjective phrase has an adjective as the primary word, and it modifies a noun. Eg. വളരെ വലിയ
3. An adverb phrase is made by adding a suffix to a noun, and it modifies a verb phrase.
Eg. പുരപ്പുറത്ത്

Day 29: Noun Phrase

A noun phrase consists of a noun only or a noun and several modifiers.

- ആ നാലു ചെറിയ വെളുത്ത പൂച്ചകൾ
- കുറേ വലിയ കറുത്ത പൂച്ചകൾ

In these Noun Phrases, പൂച്ചകൾ is the primary word, a noun. The words that precede it modify it. They are demonstratives, numerals, size/shape words, and adjectives.

A. Noun

Nouns are name-words. They denote the names of things, people, places, qualities, and actions. A noun can denote one or more than one by adding −കൾ or -മാർ

One (singular)	More than one (plural)
കുട്ടി child	കുട്ടികൾ children
അമ്മ mother	അമ്മമാർ mothers

Some nouns have separate forms for male and female. Some words are common for both.

Male	Female	Comon
മിടുക്കൻ	മിടുക്കി	
മിടുക്കൻമാർ	മിടുക്കികൾ	മിടുക്കർ

A noun has various forms as follows:

Subject	മകൻ	മകൾ
Object form 1	മകന്	മകൾക്ക്
Object form 2	മകനെ	മകളെ
Of--	മകന്റെ	മകളുടെ
To --	മകനോട്	മകളോട്
By --	മകനാൽ	മകളാൽ

Day 29: Worksheet

1. Underline the noun in these noun phrases.
    a. ഒരു ചെറിയ കുട്ടി
    b. എന്റെ വീട്
    c. ഒരു മഹത്തായ ആശയം

2. Fill in the empty cells

Singular	Plural
മനുഷ്യൻ	
	വീടുകൾ
അമ്മ	
	പുരുഷന്മാർ

3. Fill in the empty cells

Male	Female
ഭർത്താവ്	
	വധു
രാജാവ്	
	മാതാവ്

4. Fill in the blanks with the various forms of "മകൾ"
    a. എന്റെ _____ മിടുക്കിയാണ്

    b. ഞാൻ എന്റെ _____ വളരെ ഇഷ്ടപ്പെടുന്നു.

    c. ഞാൻ എന്റെ _____ നല്ല വിദ്യാഭ്യാസം നൽകും.

    d. എന്റെ _____ സ്നേഹിതരെ എനിക്കറിയാം.

Day 30: Noun Modifiers

1. Demonstratives in Malayalam are ഈ and ആ.

This house -- ഈ വീട്

That place -- ആ സ്ഥലം

2. Numerals can be specific or non-specific. Few, some, many, and much are examples of non-specific numerals in English.

| Some, few | കുറെ, കുറച്ച് |
| Many, much, a lot of | ഏറെ, ധാരാളം, കൂടുതൽ, ഒരുപാട് |

Specific numerals are one, two, three etc. We can denote order by ordinal numerals such as first, second, third etc.

| One, a ഒരു | First ഒന്നാം, ഒന്നാമത്തെ, ആദ്യത്തെ |
| Two രണ്ട് | Second രണ്ടാം, രണ്ടാമത്തെ, |

3. Adjectives are words that describe nouns.

Smart boy -- മിടുക്കനായ കുട്ടി

4. We can use the word വളരെ (very) to increase the intensity of most of the noun modifiers.

Very few = വളരെ കുറച്ച്

Very much = വളരെയേറെ, വളരെയധികം, വളരെക്കൂടുതൽ, വളരെ മിടുക്കനായ

Day 30: Worksheet

1. Create a few noun phrases from the choices in the table.

Demonstratives	Non-specific numerals	Specific numerals	Ordinals	adjectives	Noun
ഈ	കുറെ,	ഒരു	ഒന്നാം	നല്ല	പട്ടി
ആ	കുറച്ച്	രണ്ട്	രണ്ടാം	ചെറിയ	പട്ടികൾ
	ധാരാളം,		ആദ്യത്തെ	വെളുത്ത	
	കൂടുതൽ		രണ്ടാമത്തെ		
	ഒരുപാട്				

a. ആ രണ്ട് ചെറിയ പട്ടികൾ

b. …..

c. …..

d. ……

e. …….

2. Place the parts of these noun phrases in the correct order.
    a. വെളുത്ത/ ആ/ മൂന്നാമത്തെ/ പട്ടി

    b. ഒരു/ ആ/ കറുത്ത/ വലിയ/ പട്ടി

    c. വെളുത്ത/ വലിയ/ കുറെ/ പട്ടികൾ

Day 31: Pronouns

Pronouns substitute noun phrases.
They have different forms for singular and plural

	Singular	Plural	
I	ഞാൻ	ഞങ്ങൾ	നാം, നമ്മൾ
you	നീ	നിങ്ങൾ	
He	അവൻ	അവർ	
She	അവൾ		
it	അത്	അവ	

Pronouns have different forms for far and near.

	Near	Far
he	ഇവൻ	അവൻ
she	ഇവൾ	അവൾ
they	ഇവർ	അവർ
it	ഇത്	അത്
they	ഇവ	അവ

Pronouns have different forms for casual, formal, respectful, and very respectful

Casual	Formal	Respectful	Very repectful
നീ	നിങ്ങൾ	താങ്കൾ	അങ്ങ്,
അവൻ	അയാൾ	അദ്ദേഹം	അവിടുന്ന്
അവൾ	അവർ		

Wh-Pronouns

	who	what
Who	ആര്	എന്ത്
whom	ആർക്ക്	എന്തിന്
whose	ആരുടെ	എന്തിന്റെ
In whom	ആരിൽ	എന്തിൽ
whoever	ആരെല്ലാം	എന്തെല്ലാം
To whom	ആരോട്	എന്തിനോട്

Pronouns have different forms according to their functions and meanings.

	I	You	He	She	It
	ഞാൻ	നീ	അവൻ	അവൾ	അത്
Me	എനിക്ക്	നിനക്ക്	അവന്	അവൾക്ക്	അതിന്
Me	എന്നെ	നിന്നെ	അവനെ	അവളെ	അതിനെ
My	എന്റെ	നിന്റെ	അവന്റെ	അവളുടെ	അതിന്റെ
To-	എന്നോട്	നിന്നോട്	അവനോട്	അവളോട്	അതിനോട്
By-	എന്നാൽ	നിന്നാൽ	അവനാൽ	അവളാൽ	അതിനാൽ
In-	എന്നിൽ	നിന്നിൽ	അവനിൽ	അവളിൽ	അതിൽ

	We	We	You	They	They
We	ഞങ്ങൾ	നാം/നമ്മൾ	നിങ്ങൾ	അവർ	അവ
Us	ഞങ്ങൾക്ക്	നമുക്ക്	നിങ്ങൾക്ക്	അവർക്ക്	അവക്ക്
Us	ഞങ്ങളെ	നമ്മെ	നിങ്ങളെ	അവരെ	അവയെ
Our	ഞങ്ങളുടെ	നമ്മുടെ	നിങ്ങളുടെ	അവരുടെ	അവയുടെ
To-	ഞങ്ങളോട്	നമ്മോട്	നിങ്ങളോട്	അവരോട്	അവയോട്
By-	ഞങ്ങളാൽ	നമ്മളാൽ	നിങ്ങളാൽ	അവരാൽ	അവയാൽ
In-	ഞങ്ങളിൽ	നമ്മിൽ	നിങ്ങളിൽ	അവരിൽ	അവയിൽ

Demonstratives

Near	Far
ഇത്	അത്

These are pronouns.
ഇത് can replace a noun phrase like ഈ പേന.
ഈ പേന പുതിയ പേനയാണ്.
- ഇത് പുതിയ പേനയാണ്
- ഈ പേന പുതിയതാണ്

Day 31: Worksheet

Translate the underlined pronouns to Malayalam.

Nisha and simi are good friends. They (1)study well, so their (2) teachers like them (3).

My wife and I (4) went shopping, and we (5) bought some clothes for our (6) children.

You(7) can go with me (8) to the mall tomorrow. We (9) can look for some rare items.

Do you(10) know whose (11) bag this is? I don't know what (12) is in it, and I don't know whom (13) to ask.

I met our chief minister yesterday, and I told him (14), "Sir, I admire you (15) for the great things you are doing for the people!"

1.
2.
3.
4.
5.
6.
7.
8.
9.
10.
11.
12.
13.
14.
15.

Day 32: Verb phrase

A verb phrase is made of a verb only or one verb and several verb modifiers. Here are some examples:

➢ ഓടി

➢ വളരെ വേഗം ഓടിക്കൊണ്ടിരിക്കുകയായിരുന്നു

A verb is a word that denotes a state or an event. As we have *be* and *have* in English, in Malayalam, we have ആകുന്നു, and ഉണ്ട് to denote state. Others denote events.

Verb has diverse forms according to time.

Present	Past	Future
ആകുന്നു	ആയി	ആകും
ഉണ്ട്	ഉണ്ടായി	ഉണ്ടാകും
ചെയ്യുന്നു	ചെയ്തു	ചെയ്യും
ഓടുന്നു	ഓടി	ഓടും

Verb has other forms based on various meanings.

English	Malayalam
do	ചെയ്യൂ, ചെയ്യുക, ചെയ്‌വിൻ
please do	ചെയ്താലും, ചെയ്താട്ടെ ചെയ്യണമേ
is doing	ചെയ്യുന്നു, ചെയ്തുകൊണ്ടിരിക്കുന്നു
have done	ചെയ്തിട്ടുണ്ട്
is done	ചെയ്യപ്പെടുന്നു
need to/must do	ചെയ്യണം
let (us) do	ചെയ്യാം
let (him/her) do	ചെയ്യട്ടെ
may do	ചെയ്തേക്കും, ചെയ്യുമായിരിക്കും
can do	ചെയ്യാനാവും
usually do	ചെയ്യാറുണ്ട്

Day 32: worksheet

Match column A with column B

	A	B
1.	wrote	എഴുതിയിട്ടുണ്ട്
2.	is writing	എഴുതുന്നു
3.	has written	എഴുതട്ടെ
4.	must write	എഴുതാം
5.	may write	എഴുതിയേക്കും
6.	will write	എഴുതണം
7.	let (us) write	എഴുതിയാട്ടെ
8.	let (them) write	എഴുതും
9.	please write	എഴുതൂ
10.	write!	എഴുതി

Fill in the blanks with the most appropriate verb phrases from the table above.

1. ബന്യാമിൻ കൂറേ നോവലുകൾ ------------------
2. കഴിഞ്ഞ വർഷം അദ്ദേഹം ഒരു പുതിയ നോവൽ ------------
3. ഇപ്പോൾ അദ്ദേഹം ഒരു നോവൽ -------------
4. ഇനിയും നല്ല നോവലുകൾ അദ്ദേഹം ---------- എന്ന് ആശംസിക്കാം

Part 4. Sentences

Let me introduce to you some very basic concepts of what a sentence is and what it does.

ഞാൻ മലയാളം പഠിക്കുന്നു
Njaan malayaalam patikkunnu.
I learn Malayalam.

This is a sentence in Malayalam with its transliteration and its translation in English.

In a sentence we speak of a state or an event.
- It is very cold.
- He is sick.
- She is my daughter.

These are examples of a state. Nothing happens there.
- He goes to school.
- They met me yesterday.
- It is raining.

These are examples of events. An event means that something happens

We will see the basic structure of a sentence first. Then we will see how we can transform it to make negative sentences and questions. Then we will see how to emphasize sentences and parts of sentences. We will also see how to embed sentences within phrases to make clauses. Finally, we will put two or more sentences together to make compound sentences.

Day 33: The Basic Sentence Structure

i. Event-sentence structure

The most basic sentence is made of a noun phrase and a verb phrase. They become subject (S) and predicate (P). The subject answers the question "who?" and the predicate answers the question "does what?" These are sentences that denote an event, not a state.

```
    S              P
കുട്ടികൾ  |  കളിക്കുന്നു
The children | are playing.
```

We can expand this sentence further.

```
    S              O         P
കുട്ടികൾ  |   പന്തു  |  കളിക്കുന്നു.
    S              P         O
The children | are playing | football .
```

We have added a noun phrase, which becomes the object. The object answers the question "what?" Now notice the difference in the order of phrases in English and Malayalam. In Malayalam, the object comes before the predicate. In English the object comes after the predicate.

We can expand it even further.

```
    S              A             O        P
കുട്ടികൾ  |  മൈതാനത്തിൽ  |  പന്തു  | കളിക്കുന്നു.
    S              P             O        A
The children | are playing | football | in the playground.
```

We have added a phrase which begins with a preposition. This phrase functions as an adverb in this sentence. An adverb modifies verb. Here "in the playground" answers the question "where?" Notice its different position in English and Malayalam. We can add more adverbs to expand this sentence even further.

ii. State-sentence structure

Now let us see a sentence with a different structure. These are sentences that denote a state, not an event.

```
              S                    C               P
1. കുട്ടികൾ  |  അവരുടെ മുറിയിൽ  |  ആണ്
              S         P           C
   The children | are | in their room
              S                    C                     P
2. കുട്ടികൾ  |  ഹൈസ്കൂൾ വിദ്യാർഥികൾ | ആണ്
              S         P              C
   The children | are | high school students.
              S              C           P
3. കുട്ടികൾക്ക്  |  സന്തോഷം  |  ഉണ്ട്
              S         P         C
   The Children  |  are  |  happy
```

In addition to a subject and predicate, these sentences have a Complement. It is called complement because it completes the sentence. Without it the sentence is incomplete. A complement can be a noun phrase, an adjective, or a phrase that starts with a preposition.

Thus the state-sentences have the structure SPC in English and SCP in Malayalam.

iii. Sentence substitute

An affirmative sentence can be replaced by a word--yes.

When someone asks you a question such as "Are you a Malayaalee?" you can answer in three different ways:

1. I am a Malayaalee.
2. Yes.
3. Yes, I am a Malayaalee.

The first one is your answer in a complete sentence. The second one has the same meaning, but you use a sentence-substitute. In the third answer, you repeat your answer for emphasis.

In Malayalam, you say അതെ or an even shorter form ഉം. അതെ is more common in formal use, especially in writing. ഉം is more common in informal use especially in speech. You also nod your head slightly.

Question: താങ്കൾ ഒരു മലയാളിയാണോ?

Formal Answer: അതെ.

Informal answer: ഉം.

Day 33: Worksheet

Mark the phrases in the following sentences. Also decide if they speak about a state (S) or an event (E).

1. സാറ/ സ്ക്കൂളിൽ/ പോകുന്നു.   (E)
2. അവൾ അഞ്ചാം ക്ലാസിൽ ആണ്.
3. അവൾക്ക് സ്ക്കൂളിലെ ഏറ്റവും നല്ല വിദ്യാർഥിക്കുള്ള മെഡൽ ലഭിച്ചു.
4. എല്ലാ അധ്യാപകരും അവളെ അഭിനന്ദിച്ചു.
5. അവൾക്ക് വളരെ സന്തോഷം ആയി.

Mark the phrases in these sentences. Then determine the function of each phrase in the sentence.

     S   A   P
1. സാറ/ സ്ക്കൂളിൽ/ പോകുന്നു.

2. അവൾ അഞ്ചാം ക്ലാസിൽ ആണ്.

3. അവൾക്ക് സ്ക്കൂളിലെ ഏറ്റവും നല്ല വിദ്യാർഥിക്കുള്ള മെഡൽ ലഭിച്ചു.

4. എല്ലാ അധ്യാപകരും അവളെ അഭിനന്ദിച്ചു.

5. അവൾക്ക് വളരെ സന്തോഷം ആയി.

Day 34: Negative Sentence

In English we make a sentence negative by adding "not" to the predicate. In Malayalam we add ഇല്ല, അല്ല, വേണ്ട, അരുത്, അ etc. Let us see some examples.

Affirmative	Negative
പഠിക്കുന്നു	പഠിക്കുന്നില്ല
പഠിച്ചു	പഠിച്ചില്ല
പഠിക്കും	പഠിക്കുകയില്ല
ഉണ്ട്	ഇല്ല
ആകുന്നു, ആണ്	അല്ല
വേണം	വേണ്ട
ചെയ്യു	ചെയ്യരുത്

In English, an affirmative sentence is substituted by "yes", and a negative sentence is substituted by "No". Let us imagine you are from Tamil Nadu, and someone asks you,

Are you a Malayaalee?

You answer in one of the three ways:

1. I am not a Malayalee.
2. No!
3. No, I am not a Malayalee.

The first is your answer in a complete sentence. The second is a one-word substitute. The third is a repetition for emphasis.

In Malayalam, അല്ല or ഇല്ല is the negative sentence substitute. In very informal situations, it is often replaced by ഉംഉം with a sideways move of your head.

താങ്കൾ ഒരു മലയാളിയാണോ?

അല്ല / ഉംഉം

താങ്കൾക്ക് ഇന്ന് ജോലിയുണ്ടോ?

ഇല്ല / ഉംഉം

Day 34: Worksheet

Fill in the empty cells

Affirmative	Negative
പോകുന്നു	
	പോയില്ല
പോകും	
	പോകണ്ട
പോകൂ	

Translate these sentences to Malayalam.

1. I did not go to Kochi yesterday.

2. I am not going to Kochi now.

3. I will not go to Kochi tomorrow.

4. I don't want to go to Kochi.

5. Don't go to Kochi.

6. I am not in Kochi.

7. I don't have any friends in Kochi.

Day 35: Yes/No Questions

In English we make a yes/No question by two things: a change of position of a word, and a change of tone.
- He is here. (Statement)
- Is he here? (Yes/No Question)

The word "is" is moved before the subject, and the tone at the end of the sentence is changed from down to up. In writing, a full stop is replaced by a question mark.

In Malayalam, There is a change of vowel at the end of a verb, and full stop is replaced by a question mark.

Statement	Question
ഉണ്ട്	ഉണ്ടോ
ആണ്	ആണോ
വേണം	വേണോ
പഠിച്ചു	പഠിച്ചോ
പഠിക്കും	പഠിക്കുമോ
ഇല്ല	ഇല്ലേ
വേണ്ട	വേണ്ടേ

Question Tags

A question tag is added at the end of a statement expecting the same statement as answer. It is a short form of a complete question. If the statement is affirmative, the question is negative, and if the statement is negative, the question is affirmative.

He is here, isn't he?
He is not here, is he?

In Malayalam, negative tags are more common than positive ones.

അവൻ വന്നു, ഇല്ലേ/ അല്ലേ?
അവൻ വന്നില്ല, ഉവ്വോ?

Day 35: Worksheet

1. Fill in the empty cells

Statement	Yes/No Question
പോകുന്നു	
	പോയോ
പോകും	
	പോകണോ
പോകണ്ട	
	പോകാറുണ്ടോ

2. Translate these questions to Malayalam

a. Did you go to Kochi?

b. Will you go to Kochi?

c. Are you going to Kochi?

d. Do you go to Kochi?

e. Do you need to go to Kochi?

f. Don't you need to go to Kochi?

3. Add a question tag.

a. നീ ഇന്നലെ കൊച്ചിക്ക് പോയി, ------------

b. നീ ഇന്നലെത്തന്നെ തിരികെ വന്നില്ല, ------

Day 36: Wh-Questions

In Malayalam a wh-question is made directly from the statement. We replace the specific answer by the wh-word. The wh-word may or may not be moved to the front.

Statement: I live in Kollam.
Wh-Question: Where do you live?
Statement: ഞാൻ കൊല്ലത്ത് താമസിക്കുന്നു.
Wh-Question: താങ്കൾ എവിടെ താമസിക്കുന്നു?

Wh-words in English and Malayalam

Who, whom	ആര്, ആരെ
Whose	ആരുടെ
what	എന്ത്
which	ഏത്
when	എപ്പോൾ
where	എവിടെ
how	എങ്ങനെ
why	എന്തുകൊണ്ട്
How many	എത്ര
How far	എത്ര ദൂരം

Wh-Question-substitutes

Wh-questions are substituted by single wh-words in informal conversations.

You say: I will go to Kollam.
Now a listener asks: When?
Here the word "when?" substitutes a complete sentence -- When will you go to Trivandrum? We do the same thing in the same way in Malayalam as well.

You say: ഞാൻ കൊല്ലത്ത് പോകും.
Now a listener asks: എപ്പോൾ?

Day 36: Worksheet

Translate to Malayalam

- a. Who is this?
- b. What is this?
- c. Whom did you see?
- d. Whose house is this?
- e. Where do you live?
- f. When did you come?
- g. Why did you go to Kochi?
- h. How did you go there?
- i. How far is Kochi from here?
- j. How old are you?

Day 37: Emphasis in sentences

i. Emphasizing the object
1. Someone killed the prime minister
2. The prime minister was killed.

The object, "prime minister" is given emphasis in the second sentence.

1. ആരോ പ്രധാനമന്ത്രിയെ വധിച്ചു
2. പ്രധാനമന്ത്രി വധിക്കപ്പെട്ടു

ii. Emphasizing the complement
1. She is very clever.
2. How clever she is!

The complement "very clever" is emphasized in the second sentence by changing very to how, and by moving it to the front. The same pattern is used in Malayalam.

1. അവൾ വളരെ മിടുക്കിയാണ്
2. അവൾ എന്ത് മിടുക്കിയാണ്! (എന്ത് replaces വളരെ)
3. എന്ത് മിടുക്കിയാണ് അവൾ! (എന്ത് moved to front)

Both second and third are acceptable ways in Malayalam.

iii. Emphasizing the adverb
ഞാൻ ഇന്നലെ കൊല്ലത്തു പോയി.

Whichever adverb that needs emphasis may be brought to the front.

ഇന്നലെ ഞാൻ കൊല്ലത്തു പോയി.

Even more emphasis may be given as follows:
ഇന്നലെയാണ് ഞാൻ കൊല്ലത്തു പോയത്

Day 37: Worksheet

Rewrite the following sentences placing emphasis on the bolded part.

1. ആരോ വീട്ടിനുള്ളിൽ **ഒരു പാമ്പിനെ** കണ്ടു

2. ആരോ **അദ്ദേഹത്തെ** ജില്ലാ കളക്റ്ററായി നിയമിച്ചു

3. അയാൾ **വളരെ** സമർഥനാണ്

4. ഡെയ്സി **വളരെ നല്ല അധ്യാപികയാണ്**

5. ഞാൻ **2005-ൽ** ചൈന സന്ദർശിച്ചു.

6. ഞാൻ അയാളെ **കൊച്ചിയിൽ വച്ച്** കണ്ടു.

Day 38: Adjective Clause

A clause is a sentence within a sentence. Clauses may be classified based on the functions they play within a sentence. An adjective clause acts as an adjective. A noun clause acts as a noun phrase. An adverb clause acts as an adverb.

A. Adjective Clause

An adjective modifies a noun. Sometimes a clause does the function of an adjective. Let us see some examples:

1. ഒരു കുട്ടി + ആ കുട്ടി മിടുക്കനാണ്.

    We modify a noun with a sentence, and then make it short as follows:

    ഒരു മിടുക്കനായ കുട്ടി

2. ഒരു ഷർട്ട് + ആ ഷർട്ട് കോട്ടൺ കൊണ്ട് ഉണ്ടാക്കിയതാണ്.

    കോട്ടൺ കൊണ്ടുണ്ടാക്കിയ ഒരു ഷർട്ട്

    ഒരു കോട്ടൺ ഷർട്ട്

3. എണ്ണ + ഈ എണ്ണ മണ്ണിൽ നിന്ന് വരുന്നു.

    മണ്ണിൽ നിന്ന് വരുന്ന എണ്ണ

    മണ്ണെണ്ണ

4. എന്റെ സഹോദരൻ + ഈ സഹോദരൻ ഡൽഹിയിലാണ്

    എന്റെ ഡൽഹിയിലുള്ള സഹോദരൻ

5. മരണം + ഈ മരണം അപകടം മൂലമാണ്

    അപകടം മൂലമുള്ള മരണം

    അപകടമരണം

Day 38: Worksheet

I. A noun phrase and a sentence that modifies it are given. Make the shortest form as shown in the example.

a. ഒരു ആന+ ആ ആനയുടെ നിറം വെളുപ്പാണ്.
Short form: ഒരു വെളുത്ത നിറമുള്ള ആന
Shorter form: ഒരു വെളുത്ത ആന
Shortest form: ഒരു വെള്ളാന

b. കൊമ്പ്+ ഈ കൊമ്പ് ആനയുടേതാണ്

c. പാമ്പ് + ഈ പാമ്പ് ഓല കൊണ്ട് ഉണ്ടാക്കിയതാണ്.

II. The shortest form is given. Expand it to make the meaning clear.

a. കോഴിയിറച്ചി

b. തേങ്ങാവെള്ളം

c. പന്തുകളി

d. തലവേദന

Day 39: Noun Clause & Adverb Clause

A noun clause acts as a noun phrase.
അവൾ കള്ളം പറഞ്ഞു.
Let us make a few noun clauses out of this sentence.
1. അവൾ കള്ളം പറഞ്ഞു എന്ന് ......
2. അവൾ കള്ളം പറഞ്ഞോ എന്ന് .....
3. ആര് കള്ളം പറഞ്ഞു എന്ന് ......
4. അവൾ കള്ളം പറയുക എന്നത് ....
5. അവൾ കള്ളം പറഞ്ഞത് .....
6. അവളുടെ കള്ളം പറച്ചിൽ ....

All these are noun clauses. They can do all the functions of a noun phrase, such as be subject, object or complement.

Adverb Clause

An adverb is a word or a phrase that modifies a verb by answering questions like where, when, why, and how. A sentence can stand within a sentence and act as an adverb.
1. അവൻ **നേരത്തേ** എത്തി

അവൻ **ഞാൻ എത്തുന്നതിനു മുമ്പേ** എത്തി.

The bolded part of the first sentence is an adverb. The underlined part of the second sentence is a clause that functions as an adverb. See more examples:
2. **അവർ സന്ദർശിച്ച സ്ഥലത്ത്** ഞങ്ങളും പോയി.
3. **ധാരാളം ആളുകൾ എത്തിയതുകൊണ്ട്** വല്ലാത്ത തിരക്കനുഭവപ്പെട്ടു.
4. **യാത്ര നീണ്ടതായിരുന്നെങ്കിലും** വലിയ ക്ഷീണം തോന്നിയില്ല.
5. **മഴയുണ്ടാകുമെന്നു ഭയന്ന്** ഞങ്ങൾ കുട കരുതിയിരുന്നു.

Day 39: Worksheet

1. Convert this sentence to various kinds of noun clauses.

    ദിപു വിജയിച്ചു

    1. ---
    2. ---
    3. ---
    4. ---
    5. ---

2. Identify the bolded clauses. Say if they are noun clause (N), Adjective clause (J), or Adverb Clause (V).
    a. **ഹർത്താലായിരുന്നതു കൊണ്ട്** ഇന്ന് ജോലിക്ക് പോയില്ല
    b. **ഇന്ന് ഹർത്താലായിരിക്കും എന്ന്** നേരത്തേ അറിയാമായിരുന്നു.
    c. **ഹർത്താൽ** ദിവസങ്ങളിൽ ഗതാഗതവും ഉണ്ടാവില്ല.

Day 40: Connected Sentences

Two sentences may be connected and made a single sentence as follows:

1. അവൾ കൊച്ചിക്കുപോയി; ഞാൻ കൊല്ലത്തേക്കും പോയി.
2. **ഒന്നുകിൽ** ട്രെയിനിനു പോകണം; **അല്ലെങ്കിൽ** ബസു പിടിക്കണം.
3. ട്രെയിൻ കിട്ടിയില്ല; **അതുകൊണ്ട്** ബസിനു പോയി.
4. റോഡിൽ വലിയ തിരക്കില്ലായിരുന്നു; **എങ്കിലും** എത്താൻ താമസിച്ചു.

Notice the bolded connectors. Their choice depends on the meanings to be expressed.

Day 40: Worksheet

Fill in the blanks with one of the given choices.
എങ്കിലും, അതുകൊണ്ട്, അല്ലെങ്കിൽ

1. ജിനു നന്നായി പഠിച്ചു; ------------------ നല്ല മാർക്കോടെ പാസായി.
2. മനു നന്നായി പഠിച്ചു;--------------പാസായില്ല.
3. ഒന്നുകിൽ മനു തുടർന്ന് പഠിക്കണം; --------- മറ്റെന്തെങ്കിലും ചെയ്യണം.

Day 41: A Simple Conversation

Common Expressions
When you meet someone: ഹലോ, നമസ്തെ, നമസ്ക്കാരം
When you leave: പോയ്‌വരട്ടെ, പിന്നെക്കാണാം
Please: ദയവായി, ദയവ് ചെയ്ത്
Thank you: വളരെ ഉപകാരം, വളരെ നന്ദി

In a shop to buy milk
നിങ്ങൾ: എനിക്ക് ഒരു കവർ പാലു വേണം.
കടക്കാരൻ: ഇതാ
നിങ്ങൾ: ഏത്രയാണ് വില?
കടക്കാരൻ: ഇരുപതു രൂപ
(നിങ്ങൾ നൂറുരൂപ നോട്ട് നൽകുന്നു)
കടക്കാരൻ: ചില്ലറ കാണുമോ?
നിങ്ങൾ: ഇല്ലല്ലോ.
കടക്കാരൻ: ഇതാ ബാക്കി

In the Railway station
നിങ്ങൾ: കോട്ടയത്തിന് രണ്ട് റ്റിക്കറ്റ്
ക്ലാർക്ക്: സ്ലീപ്പറാണോ?
നിങ്ങൾ: അതേ. ട്രെയിൻ എത്ര മണിക്കു വരും?
ക്ലാർക്ക്: അവിടെ ഇൻഫർമേഷനിൽ ചോദിച്ചോളൂ

A conversation of your own

Now try to make a similar conversation of your own. You reached Kottayam railway station. You want to go to a nearby place. You ask someone how to get there.

Day 42: A simple letter

A letter to your local Bank

From
(നിങ്ങളുടെ പേര്
നിങ്ങളുടെ മേൽവിലാസം)

To
മാനേജർ
(ബാങ്കിന്റെ പേര്)

സർ/മാഡം,

എന്റെ അക്കൗണ്ട് നമ്പർ: 123456 789012

ഞാൻ ഈ സ്ഥലത്തേക്ക് താമസം മാറിയതുകൊണ്ട് കൊച്ചിയിലുള്ള എന്റെ അക്കൗണ്ട് ഈ ബാങ്കിലേക്ക് മാറ്റണമെന്ന് അപേക്ഷിക്കുന്നു.

എന്ന്,

(നിങ്ങളുടെ സ്ഥലം) (നിങ്ങളുടെ ഒപ്പ്)
മാർച്ച് 25, 2015

(നിങ്ങളുടെ പേര്)

Now try one of your own. You want to apply for a ration card in the local village/municipality office. Prepare a simple application in Malayalam.

How to Continue Learning Malayalam

You have successfully completed six weeks of Malayalam. You have got the basis, from where you can climb further. Let me tell you how you may proceed.

Remember that a language consists of four different skills—listening, speaking, reading, and writing. The only way to master a skill is by regular practice of that skill. Find opportunities to practice the four skills of the language.

- Listen to Malayalam from people, from TV, and from radio.
- Speak Malayalam whenever you have an opportunity.
- Read Malayalam newspaper and books.
- Try to write something in Malayalam regularly.

You will always come across new words. Get a Malayalam -English dictionary, and get familiar with the words you come across daily. Also you can go online, and find the meaning of words. Search for Malayalam English dictionary, and you will find several sites. You will also find English Malayalam dictionaries that can translate English words to Malayalam.

We are happy to let you know that we have published a second part to this book -- **Speak Malayalam in Ten weeks.** It may be obtained from: https://www.createspace.com/7355153

Thank you very much for using this book, and we wish you the best!

Answer Key

Day 1

	A		B
1	റ	7	ta
2	ന	6	la
3	ത	2	na
4	പ	4	pa
5	വ	1	Ra
6	ല	3	tha
7	ട	5	va

	A		B
1	പറ	5	pala
2	പന	2	pana
3	തറ	1	paRa
4	പത	4	patha
5	പല	6	thala
6	തല	3	thaRa
7	വല	8	vata
8	വട	7	vala

Day 2

	A		B
1	ര	3	cha
2	ക	4	dha
3	ച	2	ka
4	ദ	7	La
5	മ	5	ma
6	സ	1	ra
7	ള	6	sa

	A		B
1	വര	3	kala
2	മറ	7	kara
3	കല	5	mala
4	പത	2	maRa
5	മല	4	patha
6	വള	6	vaLa
7	കര	1	vara

Day 3

	A		B
1	രാ	3	ka
2	കാ	2	ka-
3	ക	7	la
4	ര	5	ma-
5	മാ	4	ra
6	സാ	1	ra-
7	ല	6	sa-

	A		B
1	പത	6	kala
2	പാത	7	kali
3	വട	1	patha
4	വാട	2	pa-tha
5	പാതി	5	pa-thi
6	കല	8	ni-la
7	കലി	9	ki-Ri
8	നീല	3	vata
9	കീറി	4	va-ta

Day 4

	A		B
1	കു	3	ke
2	കൂ	4	ke-
3	കെ	5	ko
4	കേ	6	Ko-
5	കൊ	1	ku
6	കോ	2	ku-

	A		B
1	കൂലി	6	chcti
2	മൂല	10	chu-t'
3	കുട	9	ka-t'
4	പേന	3	kuta
5	വേല	1	ku-li
6	ചെടി	2	mu-la
7	പൊടി	4	pe-na
8	പോലെ	11	pe-r'
9	കാട്	7	poti
10	ചൂട്	8	po-le
11	പേര്	5	ve-la

Day 5

	A		B
1	കൈ	14	ai
2	ദൈ	15	au
3	കൗ	2	dei
4	അ	10	e
5	ആ	11	e-
6	ഇ	7	i-
7	ഈ	1	kai
8	ഉ	3	kau
9	ഊ	4	a
10	എ	5	a-
11	ഏ	6	i-
12	ഒ	12	o
13	ഓ	13	o-
14	ഐ	8	u
15	ഔ	9	u-

	A		B
1	അരി	2	a-Ni
2	ആണി	1	ari
3	ഇല	8	e-Ni
4	ഈശ്വരൻ	7	eriyuka
5	ഉടുപ്പ്	3	ila
6	ഊണ്	4	i-Swaran
7	എറിയുക	9	oppam
8	ഏണി	5	utupp'
9	ഒപ്പം	6	u-N'

Day 6

A. Base Form		B. Stressed Form	
1	ക	1	ക്ക
2	ച	2	ച്ച
3	ട	4	ത്ത
4	ത	5	പ്പ
5	പ	3	ട്ട

A. Base Form		B. H-Form	
1	ക	5	ഫ
2	ച	1	ഖ
3	ട	2	ഛ
4	ത	3	ഠ
5	പ	4	ഥ

A. Base Form		B. Stressed Form	
1	ഗ		
2	ജ	1	ഗ്ഗ
3	ഡ	4	ദ്ദ
4	ദ	5	ബ്ബ
5	ബ	2	ജ്ജ

A. Base Form		B. H-Form	
1	ഗ	4	ധ
2	ജ	5	ഭ
3	ഡ	1	ഘ
4	ദ	2	ഝ
5	ബ	3	ഢ

A. Base Form		B. Intense Form	
1	ക	5	ബ
2	ച	1	ഗ
3	ട	2	ജ
4	ത	3	ഡ
5	പ	4	ദ

Day 7

A. Base Form		B. Nasal Form	
1	ക	4	ന
2	ച	5	മ
3	ട	1	ങ
4	ത	2	ഞ
5	പ	3	ണ

A. Base Form		B. Stressed Form	
1	ങ	1	ങ്ങ
2	ഞ	3	ണ്ണ
3	ണ	4	ന്ന
4	ന	5	മ്മ
5	മ	2	ഞ്ഞ

A. Base Form		B. Stressed Form	
1	യ	1	യ്യ
2	ല	2	ല്ല
3	വ	6	ള്ള
4	ശ	3	വ്വ
5	സ	4	ശ്ശ
6	ള	5	സ്സ

A. Base Form		B. Independent Form	
1	റ	5	ൺ
2	ള	4	ൻ
3	ല	1	ർ
4	ന	3	ൽ
5	ണ	2	ൾ
6	മ	6	ം
7	ഹ	7	ഃ

Day 8

Full Form		Short Form	
1	യ	2	്ര
2	റ/ര	4	ല
3	വ	1	്യ
4	ള	3	്വ

Consonants		Consonant combination	
1	ഷ+ട	3	ക്ര
2	ക+യ	5	ക്ല
3	ക+റ	2	ക്യ
4	ക+വ	4	ക്വ
5	ക+ള	1	ഷ്ട

Day 9

Consonants		Consonant combination	
1	മ+പ	10	ന്ദ്ര
2	സ+ഥ	9	ക്ഷ
3	ന+ധ	18	ന്മ
4	ച+ഛ	14	ണ്മ
5	ജ+ഞ	8	ത്ഥ
6	ത+സ	1	മ്പ
7	ണ+ഡ	11	ദ്ധ
8	ത+ഥ	19	ഗ്ന
9	ക+ഷ	17	ന്റ
10	ന+ദ+ ര	12	ശ്ല
11	ദ+ധ	4	ച്ഛ
12	ശ+ല	20	ഹ്ന
13	ന+ഥ	3	ന്ധ
14	ണ+മ	6	ത്സ
15	ശ+ച	2	സ്ഥ
16	ത+മ+യ	16	ത്മ്യ
17	ന+റ	7	ണ്ഡ
18	ന+മ	5	ജ്ഞ
19	ഗ+ന	13	ന്ഥ
20	ഹ+ന	15	ശ്ച

Day 10

Teeth (T) Teethridge (R)

Words with ന and ന്ന	R/T
നരി	T
കനം	R
നമ്മുടെ	T
നിന്നുടെ	T
കന്ന്	T
മാനം	R
ഒന്ന്	T
നാശം	T
പനി	R
മിന്നൽ	R
വന്നാൽ	T
മുന്നോട്ട്	R
നിര	T
നിശ്ചലം	T
നീതി	T
കനൽ	R
നൗക	T
നല്ല	T
മനുഷ്യൻ	R

Day 11

പണം	P
വന്നു	T
പന	R
എന്നോട്	R
കണ്ണാടി	P
നായ	T

മഴ	P
മറ	B
മരം	F
കറ	B
കരം	F
കോഴി	P

Day 13
Combined words are given. Write the words separately.
1. ആരും + അവളെ = ആരുമവളെ
2. എന്നെ + പോലെ = എന്നെപ്പോലെ
3. വന്നു + എന്ന് = വന്നെന്ന്
4. എത്തി + എന്ന് = എത്തിയെന്ന്
5. മരം + ചാടി = മരഞ്ചാടി

Combine these words
6. നിശ്ചയം + ഇല്ല = നിശ്ചയമില്ല
7. മുന്തിരി + തോപ്പ് = മുന്തിരിത്തോപ്പ്
8. ചില + ആളുകൾ = ചിലയാളുകൾ
9. പല + ഇടത്ത് = പലേടത്ത്
10. കല + ഉപാസന = കലോപാസന

Day 14.

1. milk - പാൽ
2. head - തല
3. money - പണം
4. frog - തവള
5. umbrella - കുട
6. son - മകൻ
7. daughter – മകൾ
8. picture - പടം
9. floor - തറ
10. tree - മരം
11. jumped - ചാടി
12. ran - ഓടി
13. fell down – വീണു
14. pulled - വലിച്ചു
15. drank - കുടിച്ചു

Day 15

1	Bear	13	നീർക്കുതിര
2	Bird	2	പക്ഷി
3	Bull, ox	7	പട്ടി
4	Cat	21	പന്നി
5	Cow	10	കഴുകൻ
6	deer	5	പശു
7	dog	23	പാമ്പ്
8	Donkey, hare	4	പൂച്ച
9	dove	9	പ്രാവ്

10	eagle	6	മാൻ
11	elephant	22	മുയൽ
12	fox	11	ആന
13	giraffe	17	ആട്ടിൻകുട്ടി
14	Goat, sheep	14	ആട്
15	Hippopotamus	20	എലി
16	horse	1	കരടി
17	lamb	8	കഴുത
18	lion	3	കാള
19	monkey	19	കുരങ്ങ്
20	Mouse, rat	12	കുറുക്കൻ
21	Pig	16	കുതിര
22	rabbit	24	കടുവ
23	snake	18	സിംഹം
24	tiger	13	ജിറാഫ്
25	wolf	25	ചെന്നായ്

Day 16.

1. നെറ്റി
2. കണ്ണ്
3. തലമുടി
4. മൂക്ക്
5. വായ്
6. ചെവി
7. കഴുത്ത്
8. കയ്യ്
9. കൈപ്പത്തി
10. വിരൽ
11. കാൽ
12. കാൽപ്പത്തി
13. കാൽവിരൽ

	A		B
1	നാക്ക്	8	Arm
2	പാദം	12	Cheeks
3	മുഖം	18	Chest
4	മുടി	25	Chin
5	മൂക്ക്	16	Ear
6	വയറ്	10	Elbow
7	വായ്	9	Eye
8	കയ്യ്	3	Face
9	കണ്ണ്	21	Finger
10	കയ്മുട്ട്	2	Foot
11	കഴുത്ത്	4	Hair
12	കവിൾ	20	Hand
13	കാൽ	24	Head
14	കാൽമുട്ട്	14	Knee
15	കാൽവിരൽ	13	Leg
16	കാത്, ചെവി	17	Lip
17	ചുണ്ട്	7	Mouth
18	നെഞ്ച്	11	Neck
19	പെരുവിരൽ	5	Nose
20	കൈപ്പത്തി	23	Shoulder
21	കൈവിരൽ	6	Stomach
22	തൊണ്ട	26	Thigh
23	തോൾ	22	Throat
24	തല	19	Thumb
25	താടി	15	Toe
26	തുട	1	Tongue

Day 17

	A		B
1	Bread	24	പഞ്ചസാര
2	Breakfast	21	പന്നിയിറച്ചി
3	Butter	10	പരിപ്പ്
4	Candy	17	പാൽ
5	Chicken	2	പ്രഭാതഭക്ഷണം
6	Coriander	9	മധുരം
7	cuminseed	25	അത്താഴം
8	curd	11	അത്താഴം
9	dessert	26	മഞ്ഞൾ
10	Dhal	6	മല്ലി
11	dinner	22	അരി
12	fish	4	മിഠായി
13	garlic	12	മീൻ, മത്സ്യം
14	lunch	16	ഇറച്ചി
15	meals	14	ഉച്ചഭക്ഷണം
16	meat	23	ഉപ്പ്
17	milk	19	ഉള്ളി
18	mustard	15	ഊണ്
19	onions	20	കുരുമുളക്
20	pepper	18	കടുക്
21	pork	7	ജീരകം
22	rice	1	റൊട്ടി
23	salt	3	വെണ്ണ
24	Sugar	13	വെളുത്തുള്ളി
25	Supper	8	തൈര്
26	Turmeric	5	കോഴിയിറച്ചി
27	wheat	27	ഗോതമ്പ്

	A		B
1	Banana	1	വാഴപ്പഴം
2	beans	10	മുന്തിരിങ്ങ
3	Brinjal	11	ചക്ക
4	Cashew nut	12	വെണ്ടക്ക
5	coconut	13	നാരങ്ങ
6	corn	14	മാങ്ങ
7	cucumber	15	കപ്പലണ്ടി,
8	fruit	16	നിലക്കടല
9	ginger	17	കൈതച്ചക്ക
10	grapes	18	ഉരുളക്കിഴങ്ങ്
11	jackfruit	19	മത്തങ്ങ
12	Lady's finger	2	പയർ
13	lemon	20	തക്കാളി
14	mango	21	പച്ചക്കറി
15	Peanut	3	വഴുതണങ്ങ
16	peanut	4	പറങ്കിയണ്ടി
17	pineappale	5	തേങ്ങ
18	potato	6	ചോളം
19	pumpkin	7	വെള്ളരിക്ക
20	tomato	8	പഴങ്ങൾ
21	vegetable	9	ഇഞ്ചി

Day 18

	A		B
1	bathroom	18	പരവതാനി
2	bed	15	പാത്രം
3	bedroom	14	പടം, ചിത്രം
4	chair	27	ഭിത്തി
5	clothes	13	മരുന്നുകട
6	floor	8	മഷി
7	hat	17	മുറി
8	ink	26	അടിവസ്ത്രം
9	kitchen	9	അടുക്കള
10	knife	20	ഉടുപ്പ്
11	lamp	12	എഴുത്ത്
12	letter	11	വിളക്ക്
13	pharmacy	19	കത്രിക
14	picture	23	കക്കൂസ്
15	plate	10	കത്തി
16	roof	21	കാലുറ
17	room	2	കിടക്ക
18	Rug, carpet	3	കിടപ്പുമുറി
19	scissors	1	കുളിമുറി
20	shirt	25	കുട
21	socks	4	കസേര
22	table	7	തൊപ്പി
23	toilet	16	മേൽക്കൂര
24	towel	22	മേശ
25	umbrella	6	തറ
26	underwear	24	തുവർത്ത്
27	wall	5	തുണികൾ

Day 19.

	A		B
1	aunt	9	പിതാവ്, അപ്പൻ, അച്ഛൻ, അപ്പച്ചൻ, വാപ്പ
2	brother	14	ഭർത്താവ്
3	Brother - Younger	24	ഭാര്യ
4	Brother (sister calls)	20	അനുജത്തി
5	Brother -Older	3	അനുജൻ
6	couple	23	അമ്മാവൻ, അമ്മാച്ചൻ
7	daughter	1	അമ്മാവി
8	Daughter-in-law	22	മരുമകൻ
9	Father	8	മരുമകൾ
10	Grand daughter	21	മകൻ
11	grandfather	7	മകൾ
12	grandmother	16	മാതാപിതാക്കൾ
13	Grandson	15	മാതാവ്, അമ്മ, അമ്മച്ചി, ഉമ്മ
14	husband	4	ആങ്ങള
15	Mother	11	വലിയപ്പൻ, അപ്പൂപ്പൻ
16	parents	12	വലിയമ്മ, അമ്മൂമ്മ
17	sister	2	സഹോദരൻ
18	Sister – older	17	സഹോദരി
19	Sister (brother calls)	19	പെങ്ങൾ
20	Sister- younger	13	കൊച്ചുമകൻ
21	Son	10	കൊച്ചുമകൾ
22	Son-in-law	18	ചേച്ചി
23	uncle	5	ചേട്ടൻ, ചാച്ചൻ, അച്ചാച്ചൻ
24	wife	6	ദമ്പതിമാർ

Day 20.

Write the number in Malayalam letters

8	എട്ട്
15	പതിനഞ്ച്
25	ഇരുപത്തിയഞ്ച്
95	തൊണ്ണൂറ്റിയഞ്ച്
190	നൂറ്റിതൊണ്ണൂറ്
991	തൊള്ളായിരത്തിതൊണ്ണൂറ്റിയൊന്ന്
1090	ആയിരത്തിതൊണ്ണൂറ്
1910	ആയിരത്തിതൊള്ളായിരത്തിപ്പത്ത്
2014	രണ്ടായിരത്തിപതിനാല്
2015	രണ്ടായിരത്തിപതിനഞ്ച്

Write the corresponding number in digits

നാല്	4	മൂന്ന്	3
നൂറ്റിപ്പത്ത്	110	ആയിരം	1000
നൂറ്	100	ആറ്	6
പന്ത്രണ്ട്	12	ഇരുപത്തിയൊന്ന്	21
പത്ത്	10	ഇരുപത്	20
പത്തൊൻപത്	19	രണ്ട്	2
പതിനഞ്ച്	15	ലക്ഷം	100000
പതിനാറ്	16	എട്ട്	8
പതിനാല്	14	ഏഴ്	7
പതിമൂന്ന്	13	ഒന്ന്	1
പതിനെട്ട്	18	ഒൻപത്	9
പതിനൊന്ന്	11	തൊണ്ണൂറ്	90
പതിനേഴ്	17	കോടി	10000000
അഞ്ച്	5		

Day 21.

	A		B
1	air	17	സൂര്യൻ
2	City	6	ഭൂമി
3	Cloud	9	ചന്ദ്രൻ
4	Continent	16	നക്ഷത്രം
5	Country	14	ആകാശം
6	Earth	11	മഴ
7	East	3	മേഘം
8	Hill	20	കാറ്റ്
9	Moon	13	കടൽ
10	North	8	കുന്ന്
11	Rain	2	പട്ടണം
12	River	18	ഗ്രാമം
13	Sea	4	വൻകര
14	Sky	5	രാജ്യം
15	South	10	വടക്ക്
16	Star	15	തെക്ക്
17	Sun	7	കിഴക്ക്
18	Village	19	പടിഞ്ഞാറ്
19	West	12	നദി
20	Wind	1	വായു

Day 22.

	A		B
1	big	1	വലിയ
2	circular	10	ഭാരമുള്ള
3	crooked	11	ഉയർന്ന
4	deep	12	ഭാരം കുറഞ്ഞ
5	dry	13	നീണ്ട
6	fast	14	ഉച്ചത്തിൽ
7	fat	15	ഇടുങ്ങിയ

8	flat	16	പരുപരുത്ത
9	hard	17	ഉരുണ്ട
10	heavy	18	കൂർത്ത
11	High, tall	19	നീളം കുറഞ്ഞ
12	light	17	വട്ടത്തിലുള്ള
13	long	20	സാവധാനം
14	loud	21	ചെറിയ
15	narrow	22	മൃദുവായ
16	rough	23	നേരായ
17	round	24	നനഞ്ഞ
18	sharp	25	വീതിയുള്ള
19	short	3	വളഞ്ഞ
20	slow	4	ആഴമുള്ള
21	small	5	ഉണങ്ങിയ
22	Soft	6	വേഗത്തിൽ
23	straight	7	തടിച്ച
24	wet	8	പരന്ന
25	wide	9	കട്ടിയുള്ള

Day 23.
Match Column A with Column B

	A		B
1	Blue	1	നീല
2	brown	3	പച്ച
3	Green	6	മഞ്ഞ
4	red	9	ഇളം നീല
5	white	7	കറുപ്പ്
6	yellow	8	കടും നീല
7	black	4	ചുവപ്പ്
8	Dark blue	5	വെള്ള
9	Light blue	2	തവിട്ടു

Day 24.

	A		B
1	Bad	11	നിറഞ്ഞ
2	Bitter	19	പുളിപ്പുള്ള
3	Correct, right	13	പുതിയ
4	Dark	5	പ്രയാസമുള്ള
5	Difficult	21	മധുരമുള്ള
6	Dirty	18	മൃദുവായ
7	Easy	6	അഴുക്കുള്ള/ വൃത്തികെട്ട
8	Empty	17	ഉപ്പുള്ള
9	Expensive	20	എരിവുള്ള
10	Foreign	7	എളുപ്പമുള്ള
11	Full	22	വളരെ
12	inexpensive	12	വിലകുറഞ്ഞ
13	New	9	വിലകൂടിയ
14	Noisy/loud	10	വിദേശ
15	Powerful/strong	3	ശരിയായ
16	Quiet	14	ശബ്ദമുഖരിതം
17	Salty	4	കറുത്ത/ഇരുണ്ട
18	Soft	16	ശാന്തമായ
19	Sour	8	ശൂന്യമായ
20	Spicy	1	ചീത്ത
21	Sweet	25	ചെറുപ്പമായ/ പ്രായംകുറഞ്ഞ
22	Very	2	കൈപ്പുള്ള
23	Weak	24	തെററായ
24	Wrong	23	ദുർബലമായ
25	Young	15	ബലമുള്ള

Day 25.

	A		B
1	be	26	എഴുതുക
2	call	1	ആകുക
3	cry	10	പഠിക്കുക
4	do	11	നോക്കുക
5	eat	12	വായിക്കുക
6	have	13	ഓടുക
7	hear	14	കാണുക
8	help	15	കാണിക്കുക
9	laugh	16	ഇരിക്കുക
10	learn	17	ഉറങ്ങുക
11	look	18	മണക്കുക
12	read	19	സംസാരിക്കുക
13	run	2	വിളിക്കുക
14	see	20	നിൽക്കുക
15	show	21	എടുക്കുക
16	sit	22	രുചിക്കുക
17	sleep	23	പഠിപ്പിക്കുക
18	smell	24	തൊടുക
19	speak	25	നടക്കുക
20	stand	3	കരയുക
21	take	4	ചെയ്യുക
22	taste	5	തിന്നുക
23	teach	6	ഉണ്ട്
24	touch	7	കേൾക്കുക
25	walk	8	സഹായിക്കുക
26	write	9	ചിരിക്കുക

Day 26.

	A		B
1	January	11	നവംബർ
2	February	3	മാർച്ച്
3	March	4	ഏപ്രിൽ
4	April	8	ഓഗസ്റ്റ്
5	May	10	ഒക്ടോബർ
6	June	1	ജനുവരി
7	July	6	ജൂൺ
8	August	7	ജൂലൈ
9	September	2	ഫെബ്രുവരി
10	October	5	മെയ്
11	November	9	സെപ്റ്റംബർ
12	December	12	ഡിസംബർ

	A		B
1	Sunday	4	ബുധൻ
2	Monday	5	വ്യാഴം
3	Tuesday	7	ശനി
4	Wednesday	1	ഞായർ
5	Thursday	6	വെള്ളി
6	Friday	3	ചൊവ്വ
7	Saturday	2	തിങ്കൾ

Day 27. Fill in the empty cells

Verb	Verb
നിൽക്കുക	നിർത്തുക
ചെയ്യുക	ചെയ്യിക്കുക
വളരുക	വളർത്തുക
ഓടുക	ഓടിക്കുക

Noun	Noun
വിഢി	വിഢിത്തം
മാതാവ്	മാതൃത്വം
ചെറുപ്പക്കാരൻ	ചെറുപ്പം
മിടുക്കൻ	മിടുക്ക്

Verb	Noun
ഓടുക	ഓട്ടം
കാണുക	കാഴ്ച
വായിക്കുക	വായന
മാറുക	മാറ്റം

Noun	Adjective
വെളുപ്പ്	വെള്ള
പഴമ	പഴയ
തണുപ്പുള്ള	തണുപ്പ്
നീളം	നീണ്ട

Adjective	adverb
അറിവുള്ള	അറിവോടെ
വേഗതയുള്ള	വേഗത്തിൽ
പുതിയ	പുതുതായി
കോപമുള്ള	കോപത്തോടെ

Day 28.

Match column A with column B in the following tables.

	A		B
1	അടി	1	beating
		2	enemy
2	അരി	2	A grain
		1	bottom
		1	foot

Match the words in Column A with their synonyms in columns B and C

	A		B		C
1	ആകാശം	5	അശ്രു	2	നിദ്ര
2	ഉറക്കം	1	അംബരം	5	ബാഷ്പം
3	കച്ചവടം	3	വ്യാപാരം	1	വാനം
4	കണ്ണ്	2	ശയനം	3	വാണിജ്യം
5	കണ്ണീർ	4	നേത്രം	4	ദൃഷ്ടി

Match the words in column A with their antonyms in column B

	A		B
1	ആന്തരികം	2	പരാജയം
2	ജയം	1	ബാഹ്യം
3	നന്മ	4	സമ്പന്നം
4	ദരിദ്രം	5	ചെറുത്
5	വലുത്	3	തിന്മ

Day 29.

1. Underline the noun in these noun phrases.
    1. ഒരു ചെറിയ <u>കുട്ടി</u>
    2. എന്റെ <u>വീട്</u>
    3. ഒരു മഹത്തായ <u>ആശയം</u>

2. Fill in the empty cells

Singular	Plural
മനുഷ്യൻ	മനുഷ്യർ
വീട്	വീടുകൾ
അമ്മ	അമ്മമാർ
പുരുഷൻ	പുരുഷന്മാർ

3. Fill in the empty cells

Male	Female
ഭർത്താവ്	ഭാര്യ
വരൻ	വധു
രാജാവ്	രാജ്ഞി
പിതാവ്	മാതാവ്

4. Fill in the blanks with the various forms of മകൾ
    a. എന്റെ <u>മകൾ</u> മിടുക്കിയാണ്
    b. ഞാൻ എന്റെ <u>മകളെ</u> വളരെ ഇഷ്ടപ്പെടുന്നു.
    c. ഞാൻ എന്റെ <u>മകൾക്ക്</u> നല്ല വിദ്യാഭ്യാസം നൽകും.
    d. എന്റെ <u>മകളുടെ</u> സ്നേഹിതരെ എനിക്കറിയാം.

Day 30

Create a few noun phrases from the choices in the table.

Demon strative s	Non-specific numerals	Specific numera ls	Ordinals	adjective s	Noun
ഈ	കുറെ	ഒരു	ഒന്നാം	നല്ല	പട്ടി
ആ	കുറച്ച്	രണ്ട്	രണ്ടാം	ചെറിയ	പട്ടിക ൾ
	ധാരാളം		ആദ്യത്തെ	വെളു ത്ത	
	കൂടുത ൽ		രണ്ടാമതെ ത്ത		
	ഒരുപാട്				

1. ആ രണ്ട് ചെറിയ പട്ടികൾ
2. കുറെ നല്ല പട്ടികൾ
3. ധാരാളം വെളുത്ത പട്ടികൾ
4. ആ രണ്ടാമത്തെ വെളുത്ത പട്ടി

Place the parts of these noun phrases in the correct order.

a. ആ/ മൂന്നാമത്തെ/ വെളുത്ത/പട്ടി
b. ആ/ ഒരു/ വലിയ / കറുത്ത/ പട്ടി
c. കുറെ/ വലിയ/ വെളുത്ത/പട്ടികൾ

Day 31.

Translate the underlined pronouns to Malayalam.

1. അവർ
2. അവരുടെ
3. അവരെ
4. ഞാൻ
5. ഞങ്ങൾ
6. ഞങ്ങളുടെ
7. നിങ്ങൾ
8. എന്റെ
9. നമുക്ക്
10. നിങ്ങൾ
11. ആരുടെ
12. എന്ത്
13. ആരോട്
14. അദ്ദേഹത്തോട്
15. താങ്കളെ

Day 32.

Match column A with column B

A		B
1. wrote	3	എഴുതിയിട്ടുണ്ട്
2. is writing	2	എഴുതുന്നു
3. has written	8	എഴുതട്ടെ
4. must write	7	എഴുതാം
5. may write	5	എഴുതിയേക്കും
6. will write	4	എഴുതണം
7. let (us) write	9	എഴുതിയാട്ടെ
8. let (them) write	6	എഴുതും
9. please write	10	എഴുതൂ
10. write!	1	എഴുതി

Fill in the blanks with the most appropriate verb phrases from the table above.

1. ബന്യാമിൻ കുറേ നോവലുകൾ എഴുതിയിട്ടുണ്ട്.
2. കഴിഞ്ഞ വർഷം അദ്ദേഹം ഒരു പുതിയ നോവൽ എഴുതി.
3. ഇപ്പോൾ അദ്ദേഹം ഒരു നോവൽ എഴുതുന്നു.
4. ഇനിയും നല്ല നോവലുകൾ അദ്ദേഹം എഴുതട്ടെ എന്ന് ആശംസിക്കാം

Day 33.

Mark the phrases in the following sentences. Also decide if they speak about a state (S) or an event (E).

1. സാറ/ സ്കൂളിൽ/ പോകുന്നു. (E)
2. അവൾ / അഞ്ചാം ക്ലാസിൽ /ആണ്. (S)

3. അവൾക്ക് / സ്ക്കൂളിലെ ഏറ്റവും നല്ല വിദ്യാർഥിക്കുള്ള മെഡൽ/ ലഭിച്ചു. (E)
4. എല്ലാ അധ്യാപകരും/അവളെ /അഭിനന്ദിച്ചു. (E)
5. അവൾക്ക്/ വളരെ സന്തോഷം / ആയി. (S)

Mark the phrases. Then determine their functions.

    S   A   P
1. സാറ/ സ്ക്കൂളിൽ/ പോകുന്നു.

    S   A   P
2. അവൾ/ അഞ്ചാം ക്ലാസിൽ /ആണ്.

      S   O
3. അവൾക്ക് /സ്ക്കൂളിലെ ഏറ്റവും നല്ല
    P
വിദ്യാർഥിക്കുള്ള മെഡൽ / ലഭിച്ചു.

        S   O   P
4. എല്ലാ അധ്യാപകരും /അവളെ /അഭിനന്ദിച്ചു.

     S   C   P
5. അവൾക്ക് /വളരെ സന്തോഷം/ ആയി.

Day 34.
Fill in the empty cells

Affirmative	Negative
പോകുന്നു	പോകുന്നില്ല
പോയി	പോയില്ല
പോകും	പോകുകയില്ല
പോകണം	പോകണ്ട
പോകൂ	പോകരുത്

Translate these sentences to Malayalam.
1. I did not go to Kochi yesterday.
   ഞാൻ ഇന്നലെ കൊച്ചിക്ക് പോയില്ല.
2. I am not going to Kochi now.
   ഞാൻ ഇപ്പോൾ കൊച്ചിക്ക് പോകുകയല്ല
3. I will not go to Kochi tomorrow.

ഞാൻ നാളെ കൊച്ചിക്ക് പോകുകയില്ല
4. I don't want to go to Kochi.
എനിക്ക് കൊച്ചിക്ക് പോകണ്ട
5. Don't go to Kochi.
കൊച്ചിക്ക് പോകരുത്
6. I am not in Kochi.
ഞാൻ കൊച്ചിയിൽ അല്ല
7. I don't have any friends in Kochi.
എനിക്ക് കൊച്ചിയിൽ സുഹൃത്തുക്കൾ ആരും ഇല്ല

Day 35.
1. Fill in the empty cells

Statement	Yes/No Question
പോകുന്നു	പോകുന്നോ
പോയി	പോയോ
പോകും	പോകുമോ
പോകണം	പോകണോ
പോകണ്ട	പോകണ്ടേ
പോകാറുണ്ട്	പോകാറുണ്ടോ

2. Translate these questions to Malayalam
   a. Did you go to Kochi?
   നീ കൊച്ചിക്ക് പോയോ?
   b. Will you go to Kochi?
   നീ കൊച്ചിക്ക് പോകുമോ?
   c. Are you going to Kochi?
   നീ കൊച്ചിക്ക് പോകുകയാണോ?
   d. Do you go to Kochi?
   നീ കൊച്ചിക്ക് പോകാറുണ്ടോ?
   e. Do you need to go to Kochi?
   നിനക്ക് കൊച്ചിക്ക് പോകണോ?
   f. Don't you need to go to Kochi?
   നിനക്ക് കൊച്ചിക്ക് പോകണ്ടേ?

3. Add a question tag.
നീ ഇന്നലെ കൊച്ചിക്ക് പോയി, ഇല്ലേ?
നീ ഇന്നലെത്തന്നെ തിരികെ വന്നില്ല, <u>ഉവ്വോ?</u>

Day 36.
Translate to Malayalam
a. Who is this?
   ഇതാരാണ്?
b. What is this?
   ഇതെന്താണ്?
c. Whom did you see?
   നിങ്ങൾ ആരെക്കണ്ടു?
d. Whose house is this?
   ഇതാരുടെ വീടാണ്
e. Where do you live?
   താങ്കൾ എവിടെ താമസിക്കുന്നു?
f. When did you come?
   നിങ്ങൾഎപ്പോൾവന്നു
g. Why did you go to Kochi?
   നിങ്ങൾ എന്തിനു വേണ്ടി കൊച്ചിയിൽ പോയി?
h. How did you go there?
   നിങ്ങൾ എങ്ങനെ അവിടെ പോയി?
i. How far is Kochi from here?
   ഇവിടെ നിന്നു കൊച്ചിയിലേക്ക് എന്തു ദൂരമുണ്ട്?
j. How old are you?
   നിങ്ങൾക്ക് എന്ത് പ്രായമായി?

Day 37.
Rewrite the following sentences placing emphasis on the bolded part.
1. ആരോ വീട്ടിനുള്ളിൽ **ഒരു പാമ്പിനെ** കണ്ടു
   ഒരു പാമ്പ് വീട്ടിനുള്ളിൽ കാണപ്പെട്ടു

2. ആരോ **അദ്ദേഹത്തെ** ജില്ലാ കളക്റ്ററായി നിയമിച്ചു
അദ്ദേഹം ജില്ലാ കളക്റ്ററായി നിയമിതനായി.
3. അയാൾ **വളരെ** സമർഥനാണ്
എന്തു സമർഥനാണ് അയാൾ!

4. ഡെയ്സി! **വളരെ നല്ല അധ്യാപികയാണ്**
എന്തു നല്ല അധ്യാപികയാണ് ഡെയ്സി!

5. ഞാൻ **2005-ൽ** ചൈന സന്ദർശിച്ചു.
2005-ൽ ആണ് ഞാൻ ചൈന സന്ദർശിച്ചത്.

6. ഞാൻ അയാളെ **കൊച്ചിയിൽ വച്ച്** കണ്ടു.
കൊച്ചിയിൽ വച്ചാണ് ഞാൻ അയാളെ കണ്ടത്.

Day 38.

1. A noun phrase and a sentence that modifies it are given. Make the shortest form as shown in the example.

കൊമ്പ്+ ഈ കൊമ്പ് ആനയുടേതാണ്
Short form: ആനയുടെ കൊമ്പ്
Shortest form: ആനക്കൊമ്പ്

പാമ്പ് + ഈ പാമ്പ് ഓല കൊണ്ട് ഉണ്ടാക്കിയതാണ്.
Short form: ഓല കൊണ്ട് ഉണ്ടാക്കിയ പാമ്പ്
Shortest form: ഓലപ്പാമ്പ്

2. The shortest form is given. Expand it to make the meaning clear.

a. കോഴിയിറച്ചി
ഇറച്ചി+ ഇത് കോഴിയുടെ ഇറച്ചിയാണ്

b. തേങ്ങാവെള്ളം
വെള്ളം + ഇത് തേങ്ങയിൽനിന്ന് എടുത്ത വെള്ളമാണ്

c. പന്തുകളി
കളി + ഇത് പന്തുകൊണ്ടുള്ള കളിയാണ്

d. തലവേദന
വേദന + ഇത് തലയുടെ വേദനയാണ്

Day 39.

Convert this sentence to various kinds of noun clauses.
ദിപു വിജയിച്ചു

1. ദിപു വിജയിച്ചു എന്ന്
2. ദിപു വിജയിച്ചോ എന്ന്
3. ദിപു വിജയിക്കുക എന്നത്
4. ആര് വിജയിച്ചു എന്ന്
5. ദിപുവിന്റെ വിജയം

Identify the bolded clauses. Say if they are noun clause (N), Adjective clause (J), or Adverb Clause (V).
1. **ഹർത്താലായിരുന്നതു കൊണ്ട്** ഇന്ന് ജോലിക്ക് പോയില്ല. Adverb Clause
2. **ഇന്ന് ഹർത്താലായിരിക്കും എന്ന്** നേരത്തേ അറിയാമായിരുന്നു. Noun clause
3. **ഹർത്താൽ** ദിവസങ്ങളിൽ ഗതാഗതവും ഉണ്ടാവില്ല. Adjective clause

Day 40

Fill in the blanks with one of the given choices.
എങ്കിലും, അതുകൊണ്ട്, അല്ലെങ്കിൽ

1. ജിനു നന്നായി പഠിച്ചു; അതുകൊണ്ട്, നല്ല മാർക്കോടെ പാസായി.
2. മനു നന്നായി പഠിച്ചു; എങ്കിലും പാസായില്ല.
3. ഒന്നുകിൽ മനു തുടർന്ന് പഠിക്കണം; അല്ലെങ്കിൽ മറ്റെന്തെങ്കിലും ചെയ്യണം.

Books by the Same Authors

1. Malayalam Alphabet
2. Speak Malayalam in Ten Weeks

The first one is a level 1 book, and the second one is a level 3 one. The present one is level 2.

They are available in amazon.com.
https://www.amazon.com/John-Daniel-Kunnathu/e/B003FOVYN0

Made in the USA
Coppell, TX
24 July 2025

52311837R00079